La REPRÉSENTATION POLITIQUE

des

INTÉRÊTS PROFESSIONNELS

1929. Neuf ans après le fiasco de la grève générale et l'éclatement de la C.G.T., les classes productrices vivotent en silence, la bourgeoisie a réinvesti ses profits retrouvés et la société française baigne enfin dans la stabilité. Le patronat prévoit ressusciter l'individualisme de 1789, éliminer les syndicats et faire abroger la loi des huit heures. Dans le sillage des scandales politico-financiers, les laboratoires du communisme et du fascisme, nés de grèves insurrectionnelles, commencent à recevoir, après avoir mis au pas leurs syndicats, droit de cité. De part et d'autre on soupçonne qu'un complot se prépare.

Certains veulent imposer, d'autres veulent concilier. Le monde académique réfléchit, étudie, échafaude – et c'est la démarche de la thèse de ce livre. On apprend de l'histoire, on apprend de l'étranger, mais comment, au sortir de la « dictature » de 14-18, l'amateurisme politique pourrait-il représenter et protéger de manière équitable les intérêts de chacune des couches de la société ? Comment appréhender les aspirations socio-politiques, les besoins syndico-économiques et les nécessités collectives pour gouverner et sauvegarder la paix sociale, si ce n'est la concorde sociale ? Peut-on espérer que le nouveau Conseil national économique pourra contribuer à désamorcer la situation ?

Et voilà que l'on propose ici de remonter aux sources : on présente une solution, la réforme des réformes, fondée sur les trois sortes d'intérêts identifiés par Saint-Simon et repris par Bernard Lavergne à peine trois ans plus tôt dans sa théorie d'une représentation pluraliste.

Le temps presse – mais ça, on ne le sait pas, pas tout à fait, on n'est qu'en novembre... novembre 1929... On étudiera donc ce livre au travers de diverses réimpressions ... pendant que la catastrophe se dessinait ... et que le régime allait imploser. Mais voilà qu'en ce XXIe siècle on reprend le sujet et qu'on évoque le présent auteur jusqu'en Amérique du Sud.

Pierre-Georges LAMBERT

Docteur en Droit
Diplômé de l'École libre des sciences politiques

La REPRÉSENTATION POLITIQUE

des

INTÉRÊTS PROFESSIONNELS

Mise en forme et Préface de
J. L. F. Lambert
–8Ө8Ө8–

Lambert, Pierre-Georges (Pierre, Georges, Louis)
Issigeac 1902 – Belgrade 1961

La représentation politique des intérêts professionnels
Comprend préface (J. L. F. Lambert), bibliographie, repères biographiques et trois index.
Édition révisée, transcrite, formatée et indexée par J. L. F. Lambert après restitution des droits par Dalloz (ex-Sirey, Hélène Hoch, h.hoch@dalloz.fr, 2013.06.12).

Première édition 1929 Librairie du Recueil Sirey
Thèse de doctorat présentée et soutenue le 15 novembre 1929 à 14 heures devant MM. William Oualid, [Achille] Mestre et [Gaëtan] Pirou

–8Θ8Θ8–

ISBN 978-0-9936926-2-8 (souple)
ISBN 978-0-9936926-3-5 (cartonné)
ISBN 978-0-9936926-4-2 (numérique)

Europe, France, Années folles, Science politique, Démocratie représentative, Droit constitutionnel, Bicamérisme, Systèmes électoraux, Intérêts professionnels, Corps intermédiaires, Conseil national économique, Réforme constitutionnelle, Pluralisme, Coopératisme.

TABLE DES MATIÈRES

Abréviations

A.S.M.P. : Académie des sciences
    morales et politiques
C.G. : Croix de guerre
C.G.T. : Confédération générale du
    travail

C.G.T.U. : Confédération générale du
    travail unitaire
J.O. : *Journal officiel*
L.H. : Légion d'honneur
N.T. : note du transcripteur
S.D.N. : Société des Nations

PRÉFACE

Nous émergeons de l'antichambre du XXe siècle.

La France, avec l'aide de ses alliés, a survécu.

Elle est encore chancelante, d'abord parce qu'elle vient à peine de se faire imposer, dans un désordre total, un nouveau régime républicain, allaité au sang de la Commune et qui continue de se gargariser de prétentions humanitaires, civilisatrices et coloniales — les mouvements réactionnaires et révolutionnaires, identifiables dès avant la crise boulangiste et l'affaire Dreyfus, rongent leurs freins. Au bout de plus de mille ans de monarchie, une classe sociale, issue des bourgades, a fini par s'affirmer au cours de deux régimes républicains ne cumulant que vingt ans d'expérience. Le dernier de ces régimes a duré à peine quatre ans et s'est fait renverser par un coup d'État sanglant (le quatrième en un demi-siècle). Les sociétés françaises, protégées depuis le Ier Empire par des barrières douanières et opposées à toute concurrence, ont largement évité d'investir leurs capitaux dans la création de nouvelles entreprises et ont préféré en placer près de 40 p. 100 dans des prêts à l'étranger, dont le quart en Russie. Ainsi, alors que de tels placements ont pu rapporter d'énormes dividendes à 15 p. 100 de sa population, l'économie de la France est restée stable, l'industrie et le commerce ont stagné, des millions de Français ont vivoté sur le seuil de la pauvreté et le taux de natalité n'a pu que continuer de régresser, et ce, depuis la veille de la Révolution de 1789, lorsque la Russie a remplacé la France comme pays le plus peuplé d'Europe. En 1913, alors que les élites continuaient de s'opposer à la création de nouveaux impôts, les recettes fiscales ne représentaient que 40 p. 100 des dépenses de l'État. Les idées ne cessent donc de bouillonner depuis des décennies et on est allé en chercher jusque dans John Stuart Mill et Karl Marx.

La France est encore chancelante surtout parce que c'est dès ses premières années que la République, la Troisième du nom, dites de la Belle Époque, héritière d'un territoire amputé de ses mines de fer et de potasse, a dû faire face, après avoir fini de payer des indemnités de guerre à un Empire allemand pleinement ressuscité et épargné par la guerre (1871), à une nouvelle invasion par celui-ci (la quatrième en un siècle), à une époque où on a mal estimé le potentiel cataclysmique des progrès scientifiques de l'armement : en à peine plus de quatre ans de batailles (1914-1918), 30 000 km² du sol français subsistant (soit l'équivalent en surface de l'Alsace-Moselle) ont été transformés en paysage lunaire, privant ainsi la France reconstituée, pour nombre d'années, de plus du tiers de son potentiel agricole et de plus de la moitié de son potentiel industriel — sans parler des forces vives de sa jeunesse et de sa main-d'œuvre qui ont perdu près de deux millions et demi d'hommes si on compte un million de grands invalides, tout en laissant dans le deuil des centaines de milliers d'orphelins et de veuves : le côté tragique de la soi-disant « génération perdue » va se retrouver dans celle des veuves et « vieilles filles » de l'époque. Il a fallu non seulement pensionner tout ce monde et reconstituer le cheptel, mais aussi déminer, déblayer, décontaminer et reconstruire, reconstruire en commençant par des milliers de kilomètres de voies de communication et les ports du Nord avant de passer aux villes et villages et aux mines sabotées par l'ennemi en retraite. Pour tout cela, comme on avait déjà entamé les réserves humaines dans les colonies pour la guerre, on a dû aller chercher des travailleurs en Italie, en Pologne et jusqu'en Chine. Et à une époque où, même après l'institution forcée de l'impôt sur le revenu, les recettes fiscales ne représentaient plus que 12 p. 100 des dépenses de l'État, voilà qu'il a fallu se mettre à rembourser les emprunts de guerre (avec intérêt) aux alliés anglo-américains.

Cependant, alors que la famine sévissait sur l'ancien Empire allemand reconverti en république, ses responsables ont retardé leur collaboration à l'aide alimentaire alliée destinée à leur propre pays et, alors que dès 1920 les contrôleurs alliés ont la certitude de l'existence de dépôts d'armes clandestins (violation de l'art. 166 du Traité de paix de Versailles [1919]) permettant la création d'une nuée de Corps francs révolutionnaires, les mêmes responsables allemands ont commencé à exploiter les différences interalliées. Tout en organisant l'insolvabilité de leur pays, ils continuent de faire s'effriter progressivement leurs obligations d'indemnisation de la France et de la Belgique qui se heurtent également à de nouvelles barrières douanières américaines depuis 1922. Des mesures coercitives contre l'Allemagne, prises en conformité avec le traité de paix (art. 233, ann. II, § 18), lui-même deux fois rejeté par les Américains ([1]), n'ont pas rapporté les résultats escomptés : l'occupation temporaire du bassin houiller de la Ruhr par les Franco-Belges pour se dédommager en nature n'a été qu'un pis-aller ([2]). En fait, cette occupation

---

[1] C'est de cette distante Amérique que partit le coup de grâce du Traité de Versailles. Son président, Woodrow Wilson, lutta contre les groupes de pression celto-germaniques, majoritaires dans leur hostilité à la ratification du Traité, jusqu'à se faire terrasser par une hémorragie cérébrale. Pour une raison mal expliquée, on ne le fit pas remplacer par le vice-président, comme cela aurait dû se faire.

[2] Comme suite à des marques de mauvaise volonté de la part de l'Allemagne face à ses obligations d'indemnisation (et de désarmement), celle-ci avait déjà été

a été perçue de manière plus ou moins calculée comme « agression » par les anciens alliés trans-maritimes. En effet, comme les Anglo-Américains ont cherché à éviter de tomber dans une récession de reconversion en économie de paix, ils se sont ingéniés à justifier les défauts de paiement d'indemnités de l'Allemagne, toujours intacte, permettant à celle-ci de détourner ses frais d'indemnisation de la France et de la Belgique vers leurs propres économies : grâce au maintien de ce fonds allemand, la reconversion économique anglo-américaine peut se faire précisément en conquérant un marché allemand ressuscité, libéré du blocus, ouvert aux produits anglais et américains, et même, bénéficiaire de prêts américains illimités — un grand projet à long terme devant rendre interdépendantes les économies de la grande famille germano-anglo-saxonne ([3]).

---

mise en garde dès 1920, et la ferme volonté des Alliés à être proprement indemnisés avait dû être exprimée au printemps 1921 sous forme de saisie de têtes de ponts sur la rive rhénane de la Ruhr par les Franco-Belges, et par une imposition de 50 p. 100 sur les exportations allemandes par les Britanniques. La banque centrale allemande fit alors de son mieux pour saborder le mark et les industriels allemands envoyèrent leurs capitaux rejoindre leur bénéfices d'exportation maintenus en devises à l'étranger. En tant qu'opération d'autodédommagement, l'occupation générale de la Ruhr, de janvier 1923 à août 1925, faisait augmenter de 20 p. 100 les impôts indirects des Français pour l'entretien des troupes d'occupation, et elle se heurta à une résistance organisée par Berlin sous forme de manifestations, de grèves et de sabotages, au prix de plusieurs morts des deux côtés, d'autant plus que les Allemands se trouvaient outrés d'être occupés par des troupes coloniales « de couleur ». Cependant, la perspective d'une Rhénanie pouvant retrouver son indépendance fit collaborer Berlin au bout de quelques mois, d'autant plus que l'Allemagne pouvait se douter que les Anglo-Américains plaideraient pour sa cause lors d'une conférence de remise en question des dédommagements. En effet, les alliés trans-maritimes ne voyaient pas de lien entre le paiement des réparations par l'Allemagne à la France et le remboursement des emprunts que celle-ci leur avait faits. Une conséquence de cette occupation de la Ruhr fut le renforcement de la notoriété contestataire des nationalistes, après leur putsch manqué de Munich (novembre 1923).

[3] Les anciens alliés occidentaux, dont le Premier ministre britannique qui n'imaginait que des militaristes et des « chauvins » chez les Français alors qu'il s'était déjà réservé le rôle de conquérant de Jérusalem, étaient loin de se douter que, parallèlement à l'intervention franco-belge, et probablement avant, c'est-à-dire au moins vers 1922, à l'époque, d'une part, de la révision secrète de la doctrine militaire allemande (qui adoptait alors la destruction de la Pologne comme premier objectif) et, d'autre part, d'un engagement secret de coopération militaire avec l'Union soviétique, d'autres fonds étaient détournés par le grand état-major allemand qui continuait de fonctionner clandestinement *dès 1919*, en violation du traité de paix (art. 160). (L'Allemagne, amputée de 13 p. 100 de son territoire et de son capital colonial, s'était pourtant bien offerte sa première autoroute dès 1921, *après* le Traité de Versailles, et elle avait aussi jeté secrètement

Un gouvernement de gauche a été envoyé au pouvoir à Paris au bout d'un an d'une occupation de la Ruhr à la Pyrrhus. Le pays a alors échappé à un nouveau coup d'État, mais le patronat et la grande finance se sont ingéniés, tout en plaçant leurs bénéfices à l'étranger, à déstabiliser l'État en provoquant une succession de gouvernements par une habile manipulation de la presse et du Sénat pour contrer la voix des élus et éviter de discuter de leurs propres profits, de l'augmentation des impôts et de l'adoption d'un impôt sur le capital.

Le franc chuta plus que jamais, les créanciers faisaient toujours leurs réclamations et, en 1926, la France était au bord de la faillite.

C'est alors qu'un nouveau gouvernement, de droite, le gouvernement Poincaré, armé d'une nouvelle panoplie d'impositions indirectes et d'augmentation du taux d'intérêt, à peine imaginable pour la gauche, stabilisa le franc en six mois mais, ultimement, en l'établissant à 20 p. 100 de sa valeur de 1914 ([4]).

---

les bases, dès 1924, de trois écoles militaires en Union soviétique [pour les gaz, les blindés et l'aviation], en violation du traité de paix [art. 170, 175 et 179], chacune pourvue d'un budget annuel de plusieurs millions de marks, sans qu'apparemment aucun fonctionnaire ou politique ne s'en rende compte : ce soi-disant *Diktat*, qui entérinait la responsabilité allemande de la déclaration de guerre à la France en 1914 [art. 231, article des plus contentieux, rédigé non pas par les Français mais par les Américains qui, eux-mêmes, comme les Britanniques, avaient déclaré la guerre à l'Allemagne, et non l'inverse], ne pouvait être qualifié d'économique et d'humiliant que par une propagande bombastique et revancharde, principalement anti-française, alors que les réparations à payer aux pays autres que la France en représentaient presque autant. Cette propagande faisait cependant remarquer que la retraite de 1918 s'était faite en bon ordre, que le front n'avait pas été percé, que son armée n'avait pas été vaincue et que le pays n'avait même pas été envahi : avec une marge de financement qui se relevait et un potentiel productif intact, il s'agissait de les canaliser sur une nouvelle armée allemande, plus forte que jamais, de profiter d'un taux de natalité double de celui des Français [déjà moins nombreux que les Allemands] et de reprendre la guerre interrompue contre la France – que le chef national-socialiste avait comparée à Carthage. Cela pourrait se faire d'autant plus facilement que le groupe anglo-saxon, n'ayant pas l'Allemagne à ses portes et ignorant ce que serait de subir le double de ses pertes humaines comme cela avait été le cas pour la France, avait refusé et le rétablissement d'un État cisrhénan tampon et la garantie des frontières françaises. La facilité d'une revanche de l'Allemagne sur la France s'accentuait aussi de deux manières, par le manque d'adaptation du grand état-major français lui-même, qui ne voyait pas de raison d'intégrer à sa doctrine les nouvelles armes qu'il venait d'employer [les gaz, les blindés et l'aviation], et par l'incapacité de la diplomatie française à trouver des alliances autres qu'avec des pays d'Europe centrale, nouveaux ou faibles, sans frontières avec la France.)

[4] La France avait compté sur le remboursement des prêts de guerre aux Russes (supérieurs aux emprunts français faits aux États-Unis) pour équilibrer

La France, en dépit de ses alliés — maintenant anciens —, continue de survivre.

Mais, dans cette France hypothéquée, de quels Français s'agit-il ?

Dès le lendemain de la guerre, après une brève « Union sacrée » destinée à la défense du territoire, le fossé a recommencé à se creuser entre aristocrates, bourgeois, prolétaires et paysans. Ainsi, les classes supérieures ont cru pouvoir revenir aux valeurs d'avant-guerre, celles qui perpétuaient l'insalubrité des conditions de vie et de travail, parfois doctement appelées « inégalités socio-économiques », ces valeurs qui continuaient d'acculer les classes productrices à protester de leur misère par des grèves matées dans le sang ou sanctionnées par des renvois collectifs. Ainsi, après la répression de la grève générale de mai 1920, la classe ouvrière, toujours sans réelle représentation au parlement, se retrouva du jour au lendemain complètement désorganisée, déboutée de tout moyen d'expression, non seulement réduite au quart de ses forces syndicales, mais aussi, divisée entre les socialistes traditionnels, issus de la classe moyenne, et une petite branche particulièrement radicale, regroupant des prolétaires de souche, inspirés d'un nouveau modèle mis en application en Russie soviétique, précisément par d'anciens grévistes.

On est donc entré, après la reprise en main des colonies, après la remontée en 1924 du niveau de production à celui d'avant-guerre et après la stabilisation de la monnaie en 1926, dans une ère dite de stabilité sociale, de paix syndicale et de relance économique. C'est ce qu'on pense. Le patronat envisage depuis quelque temps de faire éliminer les syndicats, étouffer l'embryon de législation sociale et abroger la loi des huit heures; et sans les syndicats, imposer des conditions d'embauche seulement à des individus pris séparément—retourner à l'individualisme de 1789.

Cependant, avec la chute du franc, des centaines de milliers de bourgeois ont vu leurs économies et leurs placements anéantis; ils en ont

---

son budget, ainsi que sur les indemnités de guerre des Allemands pour se reconstruire. Maintenant, les Russo-Soviétiques, rappelant l'intervention antisoviétique de la France (1918-1919) et dénonçant l'implantation franco-anglaise au Moyen-Orient (accord secret Sykes-Picot de 1916), refusaient de payer, les Allemands temporisaient en faisant valoir toutes sortes de difficultés et, en 1929, alors que les Anglo-Américains jouaient le jeu allemand en réduisant pour la deuxième fois les indemnités annuelles allemandes (par le plan Young qui succédait au plan Dawes de 1924), la dette française aux Américains passait au double (jusqu'à près de sept milliards de dollars). Ainsi, lorsqu'en France on augmentait les impôts et on doublait les prix, on démontrait à l'Allemagne que ses obligations de réparation étaient de moins en moins vitales pour ses vainqueurs, et on la renforçait dans son esprit de résistance, voire dans son espoir de faire annuler sa dette, comme cela avait été le cas de l'Autriche, de la Hongrie et de la Turquie, qui avaient accepté, elles, la clause de responsabilité sans s'y opposer.

conclu que la République n'est faite que pour les saigner, alors que celle-ci en arrive enfin, sensiblement grâce à la dévaluation, à un excédent budgétaire, un an plus tard, en 1929. Entretemps, pour consolider ses acquis, l'aristocratie a commencé à lorgner des systèmes forts, pas forcément démocratiques. De même, certaines élites conçoivent des sociétés secrètes, plus ou moins subversives, et au moins un prétendant au trône de France va se chercher des alliances. Pour leur part, se voyant opprimés, humiliés et muselés, des centaines de milliers de travailleurs en ont conclu que la République n'est faite que pour les maintenir en esclavage; ils se sont fait subtiliser la représentation, voire le pouvoir, en 1848 et en 1871, leur loyauté n'a pas été reconnue pour 14-18 — Berth le leur avait déjà annoncé en 14 : « l'État est mort » —, ils ne savent plus à quel saint se vouer.

Pour les uns, il ne s'agit plus de sauver la France, mais plutôt de protéger ses économies et ses privilèges. Pour les autres, on suit, on absorbe, on encaisse, on vivote. Chacun est aliéné dans sa classe et chaque classe soupçonne qu'un complot se prépare.

La France, en dépit d'elle-même — et de sa démographie vieillissante —, continue de survivre.

> Voilà où en est le lecteur de ce livre de
> 1929, à peine dix ans après la boucherie de
> 14-18, dix ans après le Traité de Versailles
> — et dix ans avant une nouvelle
> catastrophe et la Révolution nationale ([5]).

La population, toujours à majorité féminine, était sur le point de devenir irrémédiablement, pratiquement sans transition, urbaine et ouvrière, mûre pour se faire transformer en pions du taylorisme, si ce n'était encore du stakhanovisme, mais dès ce moment-là, mûre aussi pour se faire embrigader plus complètement dans des associations de protection des intérêts, aptes à tenir tête aux décideurs, mais aussi, sujettes à diverses formes de noyautage et de manipulation pour se faire détourner du pouvoir proprement dit, et donc de son salut.

Il était donc temps, et certainement nécessaire, alors que les laboratoires du communisme et du fascisme, nés de grèves insurrectionnelles, commençaient à recevoir droit de cité, de remettre en

---

[5] La Révolution nationale de 1940 instituera l'autorité d'un seul homme en un pouvoir unique regroupant l'exécutif, le législatif et, ultimement, le judiciaire; elle met en veilleuse le parlement et interdit les partis, les syndicats et le droit de grève : les notions d'antiparlementarisme et de révolution rapportées dans cet ouvrage ne relèvent pas d'une exagération de l'auteur et ne doivent pas surprendre le lecteur.

question les valeurs d'avant-guerre. Pour réviser le système en cause, pour redéfinir les intérêts à protéger, il fallait discuter, parlementer — du moins, c'est ce que la majorité croyait encore — et il fallait donc aussi revoir quels en seraient les types de représentants et de plénipotentiaires.

Il était temps, et certainement légitime, d'envisager, voire de proposer, une refonte de quelques organes du régime et, pourquoi pas, de rêver d'un nouveau régime — il était temps d'aboutir à une harmonisation des relations individu-nation, patron-ouvriers, régions-territoire. Et alors là, on cesserait de parlementer stérilement, on aurait peut-être même un « nouvel ordre ». Mais, si ça devenait « ordonné », aurait-on besoin de continuer de parlementer ?

Les réformistes, y compris les réactionnaires et les révolutionnaires, avaient donc le vent en poupe — d'autant plus qu'ils avaient le choix, et peut-être trop de choix : société, politique, élections, parlement, codes, administration, nationalisations — tout y passait : à croire qu'une révolution prenait forme. Mais aussi, leurs chefs hésitaient, leurs groupes se fragmentaient, car tout le monde était au courant des effets, maintenant proches, des révolutions et contre-révolutions allemandes et des diverses républiques, dites « des conseils », d'Alsace-Lorraine, de Bavière, de Hongrie et de Slovaquie, modelées sur les *soviets* russes de 1905 et 1917, pendant qu'en Italie, les années « rougissaient » — une cascade de conséquences du drainage des ressources de guerre et de l'effondrement militaire des empires centraux ([6]).

Et au cours de tous ces processus de réflexion et de questionnement, le régime s'essoufflait, il avait déjà duré trois fois plus longtemps que les deux autres Républiques mises ensemble — il avait atteint son apogée.

En attendant, une chose était certaine : la France était la plus grande puissance d'Europe continentale, elle rayonnait, les étrangers venaient s'imprégner de « l'esprit français », on avait survécu à la guerre, ça serait la « der des ders » (celles de Hongrie, de Roumanie et du Rif n'ayant été que des promenades occultant le fiasco de l'intervention en Russie soviétique — elles ne comptaient pas), et on avait aussi survécu à la grippe espagnole — on pouvait respirer, voire rêver comme les surréalistes, danser le charleston comme les expatriés américains ou faire un scandale financier ou la grève de temps en temps… C'était les « Années folles » … et quelque chose allait devoir changer…

---

[6] « La guerre » – le premier mot de l'Introduction. D'autre part, la censure de guerre avait fait que presque personne n'était encore au courant de la répression, au cœur même de la France, en septembre 1917, du *soviet* ou « conseil de représentation » du corps expéditionnaire russe qui s'était mis en état de mutinerie.

C'est dans ce climat que sort la thèse du présent livre de mon père, Georges Lambert, orphelin de guerre. On y sent la fièvre du moment, les dernières nouvelles atterrissant sur le bureau de l'auteur, on y entend la voix des théoriciens montés à la tribune pour extirper leur génération d'un labyrinthe de droits et de pouvoirs ou d'autorité, d'assemblées et de conseils ou de chambres, de compétences et d'attributions, de syndicats et de groupes, de catégories de délégation, de doléances, de bicamérisme, de constitutionnalité, et ainsi de suite, tout en essayant de réduire à des dénominateurs communs une pléthore d'intérêts professionnels, sociaux, régionaux, intellectuels et manuels, économiques et commerciaux, et incluant parfois, avec bienveillance ou condescendance, les femmes ou « mères de famille » — majoritaires par leur nombre, répétons-le —, qui n'avaient toujours pas le droit de vote.

Et c'est ainsi que l'auteur a recueilli les arguments, lui-même sans doute pris dans le feu de l'action. Il les martèle du sondage de son intellect à l'image de son grand-père forgeron, sans toujours bien relever les sources ou incapable d'insérer après coup l'origine d'informations de dernière minute, défauts non reconnus ou techniquement acceptables à son époque. Cependant, en parallèle, il contribue à la préservation de passages-clés, tirés de textes maintenant historiques, en voie de disparition. Et, tout en croisant le fer avec ses prédécesseurs ou avec un interlocuteur imaginaire, il réussit à maintenir un style pondéré, une éloquence dosée, legs probable des qualités de son autre grand-père, pharmacien et minutieux préparateur de potions médicinales, jongleur à ses heures de nuances poétiques en latin. La verve est d'autant plus retenue que nous sommes en milieu académique, détaché de la polémique et qui ne semble devoir souffrir, par exemple, de quelque référence que ce soit à la « main lourde » de Mussolini dans l'affaire du député Matteotti, alors que tout un chapitre traite des réformes fascistes : les dictatures sont encore jeunes, on ne les cite ici qu'en tant que systèmes de représentation économique.

Il y a deux grandes sections dans cet ouvrage : les réalisations de la représentation professionnelle en France et à l'étranger, et la présentation critique des projets français de réforme, soit un résumé des thèses courantes de l'époque.

Quelle est donc la position de l'auteur dans tout ce brouhaha ? Avant d'y arriver, notons tout d'abord qu'il démontre que la représentation professionnelle est une pratique doublement millénaire – une nécessité incontournable. L'auteur relève cependant que les conseils économiques ou professionnels, ou leurs équivalents, sont, de par leur rôle principalement consultatif, à la merci des courants philosophiques ou politiques du moment, et que leur influence a été morcelée ou atténuée en matière législative ou régionale. La législation de leur secteur, tout comme celle des questions socio-communautaires et territoriales, est déléguée à des élus mandatés pour la résolution d'une multitude de préoccupations individuelles, fatalement écartées par un système unique d'établissement de dénominateurs communs et de priorités, ce qui rend parfois nécessaire le recours à des consultations ni scientifiques ni contraignantes. L'auteur doute ainsi que le tout jeune Conseil national économique puisse participer effectivement au pouvoir législatif, même après une réforme constitutionnelle modérée et par étapes (⁷). Il se tourne alors vers une sorte d'intégration des capacités de ce Conseil au système de représentation en vigueur, et pour ce faire, simplement vers l'institution d'un suffrage triplement représentatif — la « réforme des réformes » —, tout en mettant en garde contre un abus de subdivision des catégories de représentation et contre une représentation excessive des experts (les « corps savants »), le système restant, comme tout autre système de suffrage, à la merci des tentatives de manipulation des opinions par une certaine presse : l'électeur doit se souvenir non seulement qu'il y a une différence entre « opinion » et « intérêt », mais aussi que, lorsque l'intérêt est indéfinissable, il faut se rabattre sur l'opinion. Ce type de suffrage, emprunté à Bernard Lavergne et remontant à la mise en évidence de trois sortes d'intérêts par Saint-Simon, devait assurer la protection non seulement de l'individu, mais aussi des groupes professionnels et enfin de l'ensemble de la société ; c'est ainsi qu'il serait possible de répondre à la fois aux aspirations socio-politiques, aux besoins syndico-économiques et aux nécessités collectives, le tout fusionné dans une représentation bicamérale, socio-politico-économique et selon des proportions inverses. (On ne reprend pas ici la logique d'une représentation tricamérale saint-simonienne [dominée par les savants et les industriels] probablement parce que, dans un système Lavergne où chacun des trois corps sociaux légifèrerait séparément dans sa propre chambre, les décisions devraient être sanctionnées pour les recoupements de compétences par une instance suprême [⁸].)

---

⁷ On se souviendra que le Conseil national économique devint permanent six ans plus tard, tout en passant de 47 à 173 membres, et qu'il fut ré-institué, après avoir disparu sous Vichy, sous forme de Chambre économique consultative par la Constitution de 1946, avec 164 membres, sans être toutefois fusionné avec le Sénat, comme l'avait proposé le général de Gaulle ; le mode général de représentation restera politique, mais il deviendra proportionnel.

⁸ Concl., ch. II, partie IV ; note 3, ch. IV, partie III. On suppose ici les regroupements suivants : – 1. aspirations socio-politiques : instruction, justice et culture ; – 2. besoins syndico-économiques : travail, agriculture, industrie, commerce et finances ; – 3. nécessités collectives : environnement, santé, défense nationale, infrastructure et communications. – Recoupements intercaméraux des compétences : culture et commerce, instruction et infrastructure, financement de

La proposition reste de taille. Elle se veut de nature à éliminer le revirement périodique des scrutins en tant que possibilité de sanction binaire et uniquement politique, cause principale d'une « anarchie » institutionnalisée. Cette proposition serait donc à la base du rétablissement de la stabilité de l'État. Cependant, si l'auteur continue sur sa lancée audacieuse d'un suffrage triple et effleure la question du trafic d'influence ou de corruption qui allait porter l'antiparlementarisme à son paroxysme et mettre les élus en fuite pour échapper à leur lynchage quatre ans plus tard, et s'il fait cas, par contre, de la responsabilité des corps savants pour la question de leur privilège en matière de proportionnalité des voix, ce qui crée ainsi automatiquement une élite idéologique, voire « synarchique », dont on allait retrouver un pourcentage sensiblement élevé chez les futurs criminels de guerre ([9]), il ne s'engage pas pour autant — ce n'était pas l'objet de sa thèse — à proposer en parallèle une réforme de la « base de la base », c'est-à-dire, outre l'éducation, un rétablissement, comme dans la haute antiquité, d'un double code pénal, l'un pour le citoyen, l'autre, nettement plus sévère, pour le fonctionnaire ou l'élu. Si le suffrage triple était et demeure anticonstitutionnel, un droit pénal à deux niveaux serait révolutionnaire mais, comme l'auteur le rappelle, une constitution étant remplaçable (la jeune République française en était déjà à sa troisième constitution), elle devrait être aussi, tout au moins, modifiable, sans en changer les principes, sans pour autant créer un nouvel ordre.

S'il peut être facile de déceler comment la volonté populaire est diluée, filtrée, voire bouchée dans une Italie fasciste ou en Russie des soviets, le défi, peut-être, pour le lecteur, sera d'identifier, près d'un siècle plus tard, l'émergence des racines idéologiques sur lesquelles allaient se fonder les quelques promoteurs d'un Nouvel Ordre pour réussir à convaincre les hautes instances du pays et le Parlement lui-même, institution suprême de la représentation politique, de cesser de discuter et — littéralement — de « partir en vacances », à peine dix ans après la publication de ce livre.

---

la justice, santé du travail, etc. Le cloisonnement intracaméral des compétences dans un système bicaméraliste (ou tricaméraliste – chapeauté par une Chambre haute ?) est écarté par crainte d'une fragmentation du pouvoir législatif (concl., ch. III, partie IV).

[9] Ceci n'implique pas qu'une élite ouvrière puisse mieux raisonner que l'élite idéologique des corps savants. Un fils de machiniste, devenu premier ministre et ardent chef de guerre, s'exprimera ainsi : « Une preuve est une preuve. Quelle sorte de preuve ? C'est une preuve. Une preuve est une preuve. Et quand on a une bonne preuve, c'est parce qu'elle est prouvée. » (Jean Chrétien, Premier ministre du Canada, 2003.)

L'auteur avait donc soutenu sa thèse avec succès, il pouvait rentrer chez lui et imaginer, sans doute pour un court laps de temps, mettre à profit ses connaissances et apporter son grain de sel à des changements politiques toujours aussi envisageables.

Cependant, à peine trois semaines plus tôt, à des milliers de kilomètres de Paris, dans un jeune et grand pays, encore bien méconnu, fils aîné de l'individualisme révolutionnaire, au système bancaire audacieux, ouvertement puritain, prohibitionniste, anti-évolutionniste, antisyndicaliste, ségrégationniste et isolationniste — pour ne pas dire nationaliste —, des revirements boursiers commençaient à paralyser les économies et, par le biais d'une mondialisation naissante, à polariser encore plus les opinions et à mettre en exergue les différences entre les « *haves* » et les « *have-nots* »...

Et à partir de ce moment-là, indépendamment de toute possibilité d'échafaudage de système, indépendamment du mérite de toute proposition, indépendamment de tout type de suffrage ou de représentation, indépendamment de toute production de blé, de charbon ou d'acier, indépendamment de son courage et de son génie militaire, en ces jours sombres de 1940[10], à trois semaines de l'épuisement des stocks de l'armée allemande et alors que les réserves de l'Empire étaient encore intactes, le salut, non seulement de la IIIe République mais aussi celui de la nation, n'en serait plus réduit qu'à dépendre de la force de caractère de quelques poignées d'hommes pris individuellement, devant faire face à un concours de circonstances catastrophiques, et parfois même, face à face entre eux. L'individu, moulé et oublié dans son embrigadement de la Révolution industrielle, demeurerait l'étalon-standard de tout progrès.

Et ainsi, de par la généralisation de cette faiblesse psychologique étouffant toute possibilité d'analyse rationnelle, la France, entité politique, dépourvue d'alliés, livrée à elle-même et à ses démons, exemple ultime du refus d'association et de constitution, serait rayée de la carte.

— Une rétrospective d'idées — et de quoi réfléchir.

Aujourd'hui, en cette antichambre du XXIe siècle, alors que nous admettons de faire des jeux de mots relativement à l'attelage de la France à une Union européenne inconstitutionnelle, c'est-à-dire sans constitution ni unité fiscale proprement dites, mais adjudicatrice d'une unique politique monétaire à ses membres, et admettant la dilution du suffrage universel par des représentations de représentations, pouvant se faire même extra-territorialement, c'est-à-dire que, si l'on peut se passer d'une constitution ou d'une autre, voire violer la sienne propre sans sourciller et piétiner les conventions internationales et la Charte même des Nations

---

[10] Où l'auteur, inspecteur d'assurances et marié à ma mère en 1937, se retrouverait artilleur (au 28e R.I.F. ?).

XI

Unies comme récemment, on peut se demander à quoi pourrait bien servir le présent ouvrage.

Mais c'est précisément dans l'optique de ce genre d'écart de conduite qu'un peuple doit se prémunir de garde-fous pour éviter non seulement de se désintégrer, mais aussi de se faire soudoyer pour faire la besogne des bouledogues du moment — et perdre son âme. Et cet outil suprême, c'est la constitution — un cadre équilibré, adapté et adaptable, vivant et applicable et, avant tout, que l'on doit respecter pour le bien absolu et suprême de chacun et de tous. Et c'est dans cette optique que l'on pourra envisager le présent ouvrage comme point de repère pour la refonte des constitutions de ces pays instables, continuellement en voie d'émergence ou de disparition, et qui peuvent toujours avoir des répercussions chez nous. À l'heure actuelle, il se trouve en effet toujours de gros problèmes structuraux, voire constitutionnels et de représentation, en Belgique, au Canada, dans l'ancienne A.O.F. et dans des pays comme la Thaïlande, pendant qu'en France certains en viennent à préconiser un système tricaméral, comportant une « assemblée sociale » pour représenter les « invisibles ». C'est dans ce contexte que les présentes observations peuvent faire partie du débat, suggérer de nouvelles voies, plus inclusives, alors que les options de démocratie représentative tendent à faire bifurquer vers une démocratie dite participative, voire rousseauiste — nous menant ainsi à la case départ sans qu'on s'en rende compte, privés d'associés intermédiaires, un peu comme quand un certain pharaon-dieu avait tenté d'éclipser les divinités intermédiaires.

J. Lambert, Chelsea (Québec), juin 2014

N.B. — Sources : William L. Shirer, *The Collapse of the Third Republic* et Internet.

BIBLIOGRAPHIE

I. SOURCES

ANCEY, César, *L'Organisation économique*, Paris, Librairie générale de droit et de jurisprudence, 1929.

BARANTE, [Prosper] de, *La Vie politique de M. Royer-Collard*, 2 vol., Paris, Didier, 1861.

BARDA, Ernest, « Les principales réformes fascistes », *Bulletin mensuel de la Société de législation comparée*, 7-9 (1928), p. 279-306.

BARDOUX, Jacques, *Hors du marais* [:] *La Route de France*, Paris, Plon, 1925.

BARNES, Harry Elmer, *Sociology and Political Theory*, New York, Knopf, 1924.

BARTHÉLEMY, Joseph, *Le Problème de la compétence dans la démocratie*, Paris, Alcan, 1918.

BEARD, Charles A., *The Economic Basis of Politics*, intr. de Clyde W. Barrow, New York, Knopf, 1922.

BENOIST, Charles, *La Crise de l'État moderne* [:] *De l'Organisation du suffrage universel*, Paris, Didot, [1895].

———, *La Réforme parlementaire*, Paris, Plon, 1902.

———, Rapport à la Chambre des députés, n° 2376, 7 avril 1905.

BERTH, Édouard, *Les Méfaits des intellectuels*, préf. de Georges Sorel, Paris, Rivière, 1914. (Études sur le devenir social, XIII.)

BOTTAI, Giuseppe, « L'ordinamento corporativo spagnolo », *Gerarchia*, 3 (1928), p. 166.

BRAUWEILER, Heinz, *Der Arbeitgeber*, 15 déc. 1925.

BRENTANO, Lujo, *La Question ouvrière*, Léon Caubert (trad.), Paris, Librairie des bibliophiles, 1885.

CAILLAUX, Joseph, Préface, dans *Syndicalisme ouvrier et évolution sociale*, d'Émile Cazalis, Paris, Rivière, 1925.

CARPENTER, William Seal, *Democracy and Representation*, Princeton, Princeton University Press, 1925.

CAZALIS, Émile, *Les Positions sociales du syndicalisme ouvrier en France*, Paris, Presses universitaires de France, 1923.

———, « [?] », *Les Cahiers des États généraux*, oct. ? (1923 ?).

———, *Syndicalisme ouvrier et évolution sociale*, préf. de Joseph Caillaux, Paris, Rivière, 1925.

DENDIAS, Michel, *Le Problème de la Chambre haute et la représentation des intérêts*, Paris, de Boccard, 1929.

DESCHANEL, Paul, *Gambetta*, Paris, Hachette, 1919.

DUGUIT, Léon, *Le Droit social, le droit individuel et la transformation de l'État*, 2ᵉ éd., Paris, Alcan, 1911.

———, « La représentation syndicale au Parlement », *Revue politique et parlementaire*, 205 (1911), p. 28-45.

———, *Traité de droit constitutionnel*, tome I, 2ᵉ éd., Paris, de Boccard, 1921.

DUTHOIT, Eugène, *Le Suffrage de demain* [:] *Régime électoral d'une démocratie organisée*, Paris, Perrin, 1901.

———, *Vers l'Organisation professionnelle*, Reims, Action populaire, 1910.

———, Préface, dans *La Représentation professionnelle dans l'Allemagne contemporaine*, de Marcel Prélot, Paris, Spes, 1924

FELS, Edmond de, « La crise du parlementarisme », *La Revue de Paris*, 5 (1929), p. 721-745.

FOURNIÈRE, Eugène, *L'Individu, l'association et l'État*, Paris, Alcan, 1907.

FRANCE, Chancellerie, *Recueil général des anciennes lois françaises, depuis l'an 420 jusqu'à la Révolution de 1789*, t. XX, Isambert, Decrusy et Taillandier (dir.), Paris, Belin-Le Prieur, 1830.

FRANÇOIS-PONCET, A., *Les Réflexions d'un républicain moderne*, Paris, Grasset, 1925.

GUIZOT, François, *La Civilisation en France*, 4 vol. (Paris, Pichon et Didier, 1828-1832; 2ᵉ éd. Paris, Didier, 1840.)

GUY-GRAND, Georges, « La crise du parlementarisme », *La Grande Revue*, [?] (déc. 1925).

HAURIOU, Maurice, *Précis de droit constitutionnel*, 5ᵉ éd., Paris, Sirey, 1923.

JAURÈS, Jean, « Contre l'organisation de la production par l'État », *Revue socialiste*, t. XXII, n° 128 (août 1895).

JOUHAUX, Léon, *Le Syndicalisme et la C.G.T.*, Paris, La Sirène, 1920. (Bibliothèque d'évolution sociale, dir. par Charles Dulot.)

JOUVENEL, Henri de, Préface, dans *De la Réorganisation de la société européenne*, d'Henri de Saint-Simon et Augustin Thierry, Paris, Presses françaises, 1925.

———, Discours prononcé à l'Association industrielle, commerciale et agricole, sous la présidence de M. Étienne Fougère, Lyon, 19 janv. 1924.

LAGARDELLE, Hubert, *Le Mouvement socialiste*, [?] (août 1907).

LAUTAUD, Camille, et André Poudenx, *La Représentation professionnelle* [:] *Les Conseils économiques en Europe et en France*, préf. d'Étienne Fougère, Paris, Rivière, 1927. (Bibliothèque des sciences politiques et sociales.)

LAVERGNE, Bernard, « Suffrage universel et suffrage collectif ou la représentation des corps sociaux au Parlement », *L'Année politique française et étrangère*, 4 (1926), p. 353-426.

LEROY, Maxime, *Les Transformations de la puissance publique*, Paris, Giard & Brière, 1907.

———, *Les Techniques nouvelles du syndicalisme*, Paris, Garnier, 1921. (Bibliothèque d'information sociale, dir. par C. Bouglé.)

LEVASSEUR, Émile, *Histoire des classes ouvrières en France depuis 1789 jusqu'à nos jours*, vol. I, Paris, Hachette, 1867.

LORIN, Henri, « Étude sur les principes de l'organisation professionnelle », *Association catholique*, juillet (1892).

MARTIN SAINT-LÉON, É., *Histoire des corporations de métiers*, 3ᵉ éd., Paris, Alcan, 1922.

MARTIN SAINT-LÉON, Ét., *L'Organisation professionnelle de l'avenir*, Paris, Vitte, 1905.

MARX, Karl, *Misère de la philosophie*, préf. de Friedrich Engels, nouv. éd., Paris, Giard & Brière, 1896.

MÉTIN, Albert, *Le Socialisme en Angleterre*, Paris, Alcan, 1897.

MOYITCH, Sava, *Le Parlement économique*, Paris, Jouve, 1927.

MURET, Maurice, *Le Crépuscule des nations blanches*, Paris, Payot, 1925. (Bibliothèque politique et économique.)

OVERSTREET, Harry A., « The Government of Tomorrow », *The Forum*, 54-1 (1915), p. 6-17.

PAUL-BONCOUR, J., *Le Fédéralisme économique*, 3ᵉ éd., Paris, Alcan, 1907.

PIC, Paul, *Traité élémentaire de législation industrielle*, 2ᵉ éd., Paris, Rousseau, 1922.

PIRENNE, Henri, *Les Anciennes Démocraties des Pays-Bas*, Paris, Flammarion, 1910. (Bibliothèque de philosophie scientifique.)

PRÉLOT, Marcel, *La Représentation professionnelle dans l'Allemagne contemporaine*, préf. d'Eugène Duthoit, Paris, Spes, 1924.

PROUDHON, Pierre-Joseph, *De la Capacité politique des classes ouvrières*, Paris, Dentu, 1865.

QUENTIN-BAUCHART, Pierre, *La Crise sociale de 1848*, préf. de Paul Chassaigne-Goyon, [Paris], Hachette, 1920.

ROLLAND, Louis, Cours sur la condamnation de la C.G.T., Paris, Faculté de Droit, 1925 ?

ROMIER, Lucien, *Explication de notre temps*, Paris, Grasset, 1925. (Les Cahiers verts, 48.)

SAINT-SIMON, C.-H. de, *Œuvres choisies*, 3 t., Bruxelles, Fr. van Meenen, 1859.

SANTANGELO, Giulio, et Carlo Bracale, *Guida bibliografica del fascismo*, Rome, Libreria del Littorio, 1928.

SEIGNOBOS, Charles, *La Révolution de 1848 — Le Second Empire (1848-1859)*, dans *Histoire de France contemporaine*, Ernest Lavisse (dir.), t. VI, [Paris], Hachette, 1921.

SOREL, Georges, « L'organisation de la démocratie », *Matériaux d'une théorie du prolétariat*, 2ᵉ éd., Paris, Rivière, 1921, p. 365–394. (Études sur le devenir social, XV.)

TEMPS (LE), « Déclaration du gouvernement », [7 juin 1928], nº 24401 (8 juin 1928), p. 1-2.

———, « La politique générale du gouvernement devant la Chambre [:] Discours de M. Raymond Poincaré », [29 juin 1928], nº 24424 (1ᵉʳ juill. 1928), p. 3-4.

VILLAT, Louis, « L'Espagne de 1926 à 1928 », *L'Année politique française et étrangère*, [?] (mars 1929), p. 95.

VILLETTE, Pierre, « L'opinion des autres », *Le Figaro*, 144 (1926), p. 3.

XIV

II. RÉFÉRENCES

BENOIST, Charles, *Les Sophismes politiques de ce temps*, Paris, Perrin, 1893.
————, *Les Maladies de la démocratie*, Paris, Prométhée, 1929.
————, *Pour la Réforme électorale*, Paris, Plon, 1908.
LAVERGNE, Bernard, *L'Ordre coopératif*, Paris, Alcan, 1926.
MARTIN SAINT-LÉON, Ét., « Les systèmes de représentation nationale des intérêts économiques en France et à l'étranger », dans *Le Rôle économique de l'État*, Semaines sociales de France, Paris, Gabalda, 1922, p. 307–330.
ROMIER, Lucien, « Les industriels veulent-ils un roi ? », *L'Opinion*, 29 déc. 1922.
SAINT-SIMON, Henri de, « Le politique ou l'économique », *Œuvres*, t. XIX.
SOREL, Georges, Préface, dans *Les Méfaits des intellectuels*, d'Édouard Berth, Paris, Rivière, 1914. (Études sur le devenir social, XIII.)
TARDE, Alfred de, et Robert de Jouvenel, *La Politique d'aujourd'hui* [:] *Enquête parmi les groupements et les partis*. Paris, La Renaissance du livre, s.d.

III. PÉRIODIQUES

Année politique française et étrangère (L'~), Paris, Gambier.
Bulletin mensuel de la Société de législation comparée, Paris, A. Cotillon.
Bulletin quotidien, Société d'études et d'information économique, Paris, Grasset.
Cahiers des États généraux (Les ~).
Écho de Paris (L'~), Paris.
Figaro (Le ~), Paris.
Forum (The ~), New York.
Gazetta Ufficiale del Regno d'Italia, Rome.
Gazette de Francfort.
Gazette nationale ou Le Moniteur universel, réimpr., Paris, Bureau central, 1842.
Gerarchia, Rome, Popolo d'Italia.
Grande Revue (La ~).
Illustration (L'~), Paris.
Intransigeant (L'~), Paris.
Journal officiel de la République française, Paris.
Mouvement socialiste (Le ~), Paris.
Opinion (L'~), Paris.
Revue de Paris (La ~), Paris.
Revue politique et parlementaire, Paris.
Saturday Evening Post (The ~), Indianapolis.
Sol (El ~), Madrid.
Temps (Le ~), Paris.
Vie économique des soviets (La ~), Paris, Représentation commerciale de l'U.R.S.S.

« Depuis la guerre, un grand nombre de nations ont été en proie à des crises politiques plus ou moins prolongées; les systèmes constitutionnels ont été, çà et là, bouleversés ou suspendus; certains peuples ont cherché ou accepté des méthodes de gouvernement très différentes des nôtres et il semble que l'humanité hésite encore, en plusieurs points du globe, sur la plus juste expression de la souveraineté populaire et sur la meilleure façon de concilier les deux conditions vitales de toute démocratie, l'autorité et la liberté. »

(Discours de M. le Président du Conseil, R. Poincaré, prononcé à Caen le 28 octobre 1928.)

« La question de la représentation professionnelle doit nous permettre de tenir la balance exacte entre le Politique et l'Économique et c'est précisément là que réside son intérêt. »

INTRODUCTION

La guerre, cette grande formeuse de remous, a soulevé de graves questions, posé des problèmes politiques et sociaux, suscité des pensées nouvelles dans le domaine de la conduite des hommes et du gouvernement des peuples.

La nation elle-même, un moment près de sa ruine, a été pendant longtemps profondément remuée; toutes les classes sociales ont payé leur tribut; l'alarme a été dans tous les cœurs. C'est que la guerre a cessé d'être seulement le choc des armées; elle est devenue dans une sorte de duel tragique le conflit des nations elles-mêmes affrontant, dans la même fièvre du désir de vaincre, la valeur de leur gouvernement et de leurs institutions, la totalité de leurs ressources morales, économiques et politiques. La victoire reste à celui des adversaires qui, dans ces trois domaines, a fait preuve de supériorité.

La paix, état d'accalmie entre deux guerres, période d'équilibre toujours instable, ne fait pas disparaître tous les risques. Pendant la paix, la lutte perd son caractère tragique, mais elle continue et change de nom; elle s'appelle concurrence; rivalité; désir de lucre; appétits commerciaux; hégémonie.

Il nous faut donc observer nos voisins; ne pas se laisser dépasser; être de son temps et souvent faire notre bilan.

Nos ressources morales sont celles de la race, celles de l'âme française qui, malgré ses élans de générosité internationale, n'avait pourtant pas, en 1914, rejeté son mysticisme nationaliste ancestral.

Aussi bien, la qualité de ces ressources morales est-elle hors de cause. Nous n'avons pas crainte non plus de les voir diminuer. Elles n'entrent pas en discussion.

Bien plus inquiétant au contraire est le problème, rendu d'un intérêt primordial par la guerre, de la parfaite organisation de nos immenses forces économiques. Bien plus délicat encore est celui de la cohésion et de l'harmonie politique, suprême équilibre des consciences et des intérêts.

La guerre passée, tous les éléments de vitalité, toutes les conceptions possibles du bien public avaient à nouveau le droit et le devoir de s'affronter. La courte période de dépression morale de l'après-guerre offrait un terrain favorable aux essais les plus hasardeux, aux réalisations les plus audacieuses, et cet état d'âme explique en partie les flottements et les indécisions dont nous avons été les témoins.

L'enthousiasme du jour de l'armistice envolé, des désillusions résultant de l'application des traités de paix ne tardèrent pas en effet à paraître : Désillusion du côté des paiements allemands, désillusion du côté de nos alliances, désillusion après les promesses faites pendant le temps de guerre; le danger partagé en commun devenait du passé et l'égoïsme national reprenait avantage.

À ces causes extérieures expliquant doutes et scepticisme s'ajoutaient de graves sujets d'inquiétude à l'intérieur du pays; il fallait se ressaisir — reconstruire — réorganiser — passer du pied de guerre au pied de paix. La nation avait à préciser son choix sur la route à prendre; la volonté nationale reprenait les rênes du char de l'État. Le peuple qui, pendant les hostilités, avait dû abandonner son immixtion dans les affaires publiques pour confier à quelques hommes de son gouvernement les pouvoirs dictatoriaux nécessaires à la conduite de la guerre, avait à nouveau droit de parole.

Et il restait incertain.

Les classes sociales perdues, disloquées, ne retrouvaient plus leurs cadres. La société manquait d'unité; c'était un peu le pêle-mêle : Nouveaux riches tenant le haut du pavé, éclaboussant de leurs palabres et de leur supériorité de fait ceux des classes moyennes qui, appauvris par leurs sacrifices, avaient perdu leurs anciens droits de direction et n'avaient plus le pouvoir de paraître; leurs compétences tombaient dès lors en dérision. Et c'était l'heure pourtant où leur rôle modérateur de cohésion et d'union entre les classes aurait été des plus utiles. Sans eux, deux masses en s'agglomérant risquaient de compromettre tout équilibre : d'un côté, l'immense masse du prolétariat, puissante par son nombre et par son instinct combatif — incapable de la maintenir et de la contenir, les classes moyennes, sans l'approuver, la comprenait parce qu'elle avait partagé ses souffrances —; l'autre masse, non pas une aristocratie capable de discernement et de finesse de sentiments, mais une ploutocratie, puissances d'argent agglomérées ayant à son service des capacités, et non pas des éléments d'apaisement social.

Et ceci était d'autant plus grave que l'État avait été contraint, pendant la guerre, d'en venir à des mesures de socialisation extrêmement avancées : il avait été l'unique pourvoyeur des industries privées en matières premières achetées par ses soins à l'étranger; il les répartissait au prorata des besoins respectifs des industries ou au gré de ses préférences; il donnait à ses ouvriers des avantages allant parfois au-delà de leurs propres revendications; il réglementait les conditions générales du travail; il permettait la création de comités d'usine, comme en Angleterre (conseils Whitley, *works councils*) et comme en Allemagne. Dans le domaine de la production il s'était fait souverain.

L'armistice changeait du tout au tout cet état de choses. Une transformation dans les rapports du Capital et du Travail semblait se préparer, et dans cet ordre d'idées, nous pouvions tout craindre des exemples qui nous venaient de l'étranger. L'attirance des systèmes politiques extrêmes, le communisme et le fascisme, fut bientôt une inquiétante force d'aimantation.

Allait-on vers une révolution ? La carte d'Europe avait été découpée; les anciens blocs nationaux désagrégés et leurs morceaux, épars de nouveau, assemblés pour une autre céramique; une révolution en Russie, une révolution en Allemagne, le bolchevisme un moment aux portes de Vienne et bientôt, manifestation extrême, mais en sens inverse, les chemises noires maîtresses de Rome. Une révolution ?

— Non. Elle fut évitée. Une fois de plus la raison l'emporta, mais il n'est pas étrange que, dans un tel bouillonnement social, une vague formidable d'antiparlementarisme se soit formée. De ce qu'elle n'a pu faire sombrer le navire il ne faut pas s'en faire une raison pour sous-estimer sa puissance. Cette force révolutionnaire demeure encore aujourd'hui une grave menace pour demain.

L'Antiparlementarisme — voilà un état de fait, on ne peut le nier.

Dans certains pays, comme en Espagne et en Italie, les parlements furent mis en tutelle. Dans d'autres, leur maintien fut gravement compromis. Pour la France, qui paraît avoir préféré conserver « les institutions qu'elle croit garantes de sa liberté », l'atteinte fut également dure et le Parlement ne s'est pas encore relevé du discrédit dans lequel il est tombé.

Les raisons sont nombreuses.

Nous les apercevons tout d'abord dans l'état de mécontentement général dû, pendant plusieurs années, à une chute lamentable de notre devise, à une perpétuel déséquilibre budgétaire, à un état permanent d'insécurité sociale que ne parvenait pas à enrayer un gouvernement sans cesse aux prises avec des difficultés de Trésorerie et qui avait bien assez du souci de défendre sa propre existence contre les assauts de tel ou tel parti politique.

Il semble que ces paroles, pourtant déjà anciennes de M. Charles Benoist, rendent bien cet état de choses des années 1922 à 1926 :

> « S'il est, — en cette ingrate matière de la politique où personne ne s'accorde sur rien, — un point sur lequel l'accord soit possible aujourd'hui et même assez prêt d'être fait, c'est que « tout va mal », ou, comme disent les Espagnols, habitués depuis un siècle à des fins de régime, que « cela s'en va ». Les symptômes en sont très nombreux et frappans, si évidens qu'on se décide à les voir jusque dans les milieux où l'on serait le plus intéressé à s'y méprendre, où l'on aimerait le mieux ne les avoir jamais vus. Déjà les vieux

parlementaires, qui n'en sont plus aux illusions, commencent à se frapper la poitrine et à s'accuser, en les regrettant, les fautes qu'eux-mêmes et les autres ont commises. À ces lamentations, discrètes encore, mais perceptibles pour qui prête l'oreille, le pays ne répond que par un grand silence. Le Parlement fait et défait, demande un gouvernement et empêche ou renverse tout gouvernement, affirme et nie, se précipite et s'enfuit, acclame et anathématise : la France en est absente, ou ne bouge pas; et l'on ne sait ce qui des deux est le plus inquiétant, de ces convulsions du Parlement ou de cette atonie du pays.

« Au fond, cette atonie et ces convulsions sont des marques du même phénomène et disent la lassitude de vivre, l'impossibilité de durer ainsi. » ([1])

En 1926 et 1927, M. Bernard Lavergne l'atteste, les choses n'ont pas changé et il peut affirmer que c'est un « scandale intellectuel que représentent, dans nos démocraties modernes, le flux et le reflux incessants des décisions politiques, improvisations successives et contradictoires [...]. ([2]) »

Une deuxième cause de l'antiparlementarisme est le « mépris où le Parlement tient toute science économique et sociale. »

Gouverner est un art plus qu'une science — soit —, mais cette constatation ne peut conduire à faire choix de procédés que la science condamne comme inefficaces ou dangereux. Pas plus que l'Économie politique, le Droit public n'a fait faillite. « [C]'est seulement aux ignorants que le mécanisme économique apparaît, dans ses lois fondamentales, comme moins inexorable que le mécanisme de la nature physique. ([3]) »

Saint-Simon et Auguste Comte n'avaient-ils pas déjà affirmé que « La politique doit devenir une science expérimentale » ? C'est peut-être là beaucoup dire, mais il est certain que nos législateurs s'autorisent un peu trop de ce que la politique n'a pas encore atteint la rigueur mathématique d'une science pour s'adonner à de fréquentes et dangereuses improvisations. Et c'est ainsi que les lois

---

[1] Benoist, *Crise de l'État*, 5–6.
[2] Lavergne, « Suffrage », 357.
[3] *Ibidem*.

se multiplient, s'enchevêtrent, se compliquent, se contredisent et finissent par disparaître quand elles ont usé leur pouvoir de nuire.

N'est-ce pas là un triste effet de l'incompétence parlementaire alimentée sans cesse par un suffrage universel aveugle ?

Le fond de la nation n'est pourtant pas révolutionnaire. Non — le pays reste partisan résolu du parlementarisme, mais il en appelle à un régime « vivifié dans ses méthodes et son esprit » ([4]).

De toute façon, un certain malaise règne; il semble que chaque jour disparaît quelque chose de l'œuvre du passé. De bons esprits, dans tous les clans politiques, se mettent d'accord pour s'en inquiéter. C'est M. Maurice Muret qui ne craint pas d'intituler son livre par ce titre saisissant : *Le Crépuscule des nations blanches*. C'est M. Jacques Bainville qui prétend que l'idée de régression nous hante. Des journaux se fondent, des clubs s'organisent prenant pour programme la suppression ou la suspension du régime parlementaire. C'est M. Henri de Jouvenel qui s'écrie : « Quand donc le Parlement arrivera-t-il à se connaître lui-même et ainsi à se limiter au lieu de se proclamer omniscient ? ([5]) » C'est enfin M. Lucien Romier qui affirme que ce parlement outrepasse ses droits et que son devoir est « d'enregistrer les lois et non pas de les préparer » ([6]).

Que deviendront les anciens principes de 1789 si les masses écoutent et suivent ces prophètes ?

Les temps, seraient-ils donc révolus ? L'individualisme révolutionnaire, serait-il proche de sa fin ? Car enfin, Individualisme, Suffrage Universel et Parlementarisme sont les trois solides colonnes du temple. L'édifice croule si l'une d'elles disparaît. Il était admis que nous vivions sous cette trilogie que le XVIIIᵉ siècle avait installée depuis longtemps dans les consciences et à la faveur de laquelle il a voulu brutalement en 89 ériger une œuvre impérissable. Individualisme–Suffrage Universel–Parlementarisme remplacèrent alors les trois ordres balayés dans la tourmente; la loi

---

[4] *Ibid.*
[5] Jouvenel, Discours.
[6] Villette, « L'opinion des autres », 3.

Le Chapelier avait supprimé les anciennes corporations, interdit toute association. L'homme isolé, le citoyen était seul considéré comme réalité politique; il manifestait et manifeste encore aujourd'hui ses volontés par un vote. Les principes de Rousseau sont adoptés; la minorité doit se soumettre. La moitié plus un des citoyens, par l'organe de ses représentants, fait la loi.

Cet individualisme outrancier était aux yeux de nos pères le sûr garant de la concorde et de la liberté. Les idées d'égalité et d'indépendance étaient seules au premier plan. Contre toutes les attentes cette liberté aboutit d'abord à l'anarchie, puis au despotisme de la Convention. Et le spectre de la Terreur apparut. Pourquoi a-t-il fallu que, dès ses premières manifestations, cette conception si belle entraînât de tels désastres ? — C'est que les élus de la nation se crurent vite tout permis au nom de ce peuple souverain qu'ils prétendaient incarner. L'avènement de la démocratie venait involontairement d'aboutir à la concentration redoutable des pouvoirs aux mains d'une assemblée. Bossuet disait vrai : « Quand une fois on a trouvé le moyen de prendre la multitude par l'appât de la liberté, elle suit en aveugle, pourvu qu'elle en entende seulement le nom. ([7]) »

Mais n'est-ce pas là un danger inhérent à tous les systèmes politiques ayant accepté pour base la représentation populaire ? Logique avec elle-même, la Révolution acceptait toutes les conséquences de ses destructions systématiques. Une fois la royauté abolie, les ordres supprimés, les anciens cadres brisés, il était affirmé qu'à tout jamais le pouvoir ne viendrait plus d'en-haut. D'où pourrait-il donc venir — sinon d'en bas —, que pouvait-il être — sinon l'émanation directe de cette poussière d'individus, parcelles clairsemées et capricieuses, échappées aux anciennes cellules dissociées ?

Et le citoyen fut proclamé roi — pauvre symbole qui prétend faire tenir en équilibre sur des millions de têtes une couronne qui ne souffre d'orner qu'un seul front.

---

[7] Oraison funèbre de Henriette-Marie de France, 1670. (*Œuvres complètes*, éd. Outhenin-Chalandre fils, 1836, t. II, p. 567.)

Quoi qu'il en soit, la démocratie est une puissante réalité; elle est entrée dans les mœurs et ne semble pas prête de s'en échapper. Les peuples modernes n'acceptent pour dictateurs que les maîtres qu'ils se figurent s'être donnés eux-mêmes; ils ne veulent plus se soumettre qu'à leurs élus. C'est avec ce sentiment général qu'il faut compter; c'est en le respectant qu'il faut construire.

Napoléon l'avait déjà compris puisqu'il eut toujours le souci, malgré son despotisme, d'entretenir sa popularité, et après lui, Louis XVIII, Charles X, Louis-Philippe essayèrent d'étayer leurs royautés constitutionnelles sans pouvoir nier cette réalité sociale nouvelle. L'individualisme et le suffrage universel s'installaient dans la place.

Mais le progrès allait son train et au cours de la première moitié du XIXe siècle, le machinisme préparait une révolution sur un autre terrain. La politique allait désormais avoir à compter avec sa sœur rivale, l'organisation économique moderne. Ce bouleversement posait dès lors des problèmes qui n'ont cessé d'inquiéter les hommes, mais qui n'ont encore pas été résolus.

La Révolution de 89 n'avait pensé qu'à l'individu qu'elle appelait citoyen; l'*Homo politicus* était le seul représenté. Et voici qu'apparaissait un être inattendu, l'*Homo oeconomicus*. La Politique voyait se préciser les frontières de son domaine moral. Elle devenait une simple idéologie. On commença d'accuser la représentation nationale de ne pouvoir traduire que les vagues et larges aspirations politiques des masses. À côté surgissait un ordre différent, l'Économique, organisation de l'activité d'un peuple au travail, représentatif des intérêts et des besoins, structure créatrice de compétences spécialisées.

Et puisque ce dilemme, « le Politique ou l'Économique », est la source de toutes nos inquiétudes, citons ces mots prometteurs de Saint-Simon qui trouvent aujourd'hui un écho :

> « L'établissement de la banque, des compagnies d'assurances, des caisses d'épargne, des compagnies pour la construction des canaux, et la formation d'une multitude d'autres associations qui ont pour objet l'administration d'affaires très importantes, ont habitué les Français au mode administratif pour la gestion de grands intérêts; d'où il résulte

que ce mode peut être appliqué à la gestion des intérêts généraux, sans que cette innovation dans la haute direction des affaires publiques occasionne ni étonnement ni secousse, sans qu'il dérange les habitudes nouvelles contractées déjà par la génération actuelle. » (⁸)

Et mettant plus loin en lumière l'opposition apparente entre le citoyen de 89 et l'*Homo oeconomicus* de son temps, il ajoutait :

« Les savants doivent se diviser en deux classes, et former deux Académies séparées. Une de ces Académies doit s'occuper principalement de la formation d'un bon code des intérêts, et l'autre doit travailler au perfectionnement du code des sentiments. (⁹) »

Ainsi, aux yeux de Saint-Simon, il apparaissait déjà que quelque chose avait changé. Le citoyen avait cessé d'être seulement un affranchi; il avait autrefois acquis la permission de s'intéresser à la chose publique, mais maintenant son activité se développait et il réclamait l'aide d'hommes plus rapprochés de sa profession; sensible à l'inexorable poussée des événements, Saint-Simon en conclut que :

« La direction du pouvoir temporel doit être confiée aux cultivateurs, aux fabricants, aux négociants et aux banquiers les plus importants. Ils formeront un Conseil qui portera le titre de Conseil des industriels. [...] Ce conseil s'occupera de l'examen de tous les projets d'utilité publique qui lui seront présentés par le pouvoir spirituel; il fera choix de ceux de ces projets qu'il jugera convenable d'adopter. » (¹⁰)

La représentation purement politique était ainsi nettement déclarée insuffisante : il fallait adjoindre des administrateurs aux théoriciens doctrinaux (¹¹).

Cette pensée saint-simonienne ne devait pas connaître le succès. Les temps n'étaient pas mûrs; la concentration commerciale

---

⁸ Saint-Simon, *Œuvres choisies*, III : 295.

⁹ *Ibidem*, 308–309.

¹⁰ *Ibid.*, 310.

¹¹ « Le temps des illusions est décidément passé; c'est très froidement que les peuples calculent aujourd'hui leurs intérêts; la pompe du pouvoir n'a plus pour eux qu'un faible attrait; ils se réjouiraient bien plus de voir les rois entourés de ceux qui les enrichissent que de ceux qui leur coûtent [...]. » (*Ibid.*, 312.)

et industrielle n'existait pas et l'effort associatif n'était encore pas très intense. Mais très vite apparurent des groupements professionnels que M. Paul-Boncour a définis : « [T]oute ou partie des membres d'une profession réunis en dehors de l'exploitation d'une même entreprise dans un but d'intérêt professionnel général. ([12]) » Et depuis, l'activité économique de jour en jour plus intense a fait apparaître des milliers d'usines, des comptoirs, des administrations privées commerciales ou bancaires qui toutes, en réunissant sous une même direction des centaines d'employés ou d'ouvriers, ont provoqué chez eux l'instinct de la solidarité professionnelle.

Pour défendre leurs intérêts communs, ces employés et ces ouvriers voulurent s'associer. Les lois de 1884 sur les syndicats et de 1901 sur les associations étaient devenues inévitables. Et ce fut alors toute une floraison de clans et de sociétés. Puis, insensiblement, le champ ouvert au syndicalisme s'élargit : ce fut la réglementation des conditions du travail, la fondation d'œuvres d'enseignement professionnel, l'institution de bureaux de placement, la création de coopératives, de sociétés de secours mutuels, de caisses des retraites, de laboratoires, de bibliothèques ([13]). Le rayonnement de cette activité nouvelle a été rendu en ces termes par l'auteur du *Fédéralisme économique* :

> « Les sociétés humaines ne se composent pas seulement de groupements politiques : États, départements, provinces, districts, communes ou municipes. Il y a une infinité d'autres groupements, associations ou sociétés poursuivant des buts variés : religieux, économiques, financiers, mutualistes, scientifiques, etc., etc., et que l'on peut désigner sous le nom générique de groupements sociaux. » ([14])

— « Est-il permis d'espérer davantage, d'attendre mieux encore, de concevoir au-dessus même de ces associations professionnelles et

---

[12] Paul-Boncour, *Fédéralisme économique*, 3.
[13] *Ibidem*.
[14] *Ibid.*, 1.

par elles, l'organisation professionnelle intégrale des forces de la production et du travail ? ([15]) »

Voilà la question qui se posait. C'est qu'en effet des horizons nouveaux apparaissaient sans cesse.

Le syndicalisme, provoqué par la concentration des forces productives de la nation, réagissait sur le monde patronal. Les directeurs d'entreprises, les chefs, les manieurs d'hommes et d'argent prenaient aussi conscience de leurs intérêts communs et ils fondèrent des trusts, des cartels, des consortiums. N'en concluons pas que ces deux mouvements parallèles doivent forcément aboutir à une intégration totale et à l'enrichissement d'une minorité par l'appauvrissement des masses. Non, l'action à faible montant nominal en ouvrant aux petites gens l'accès à la propriété évitait ce danger, et puis les lois dites sociales vinrent enfin réprimer les abus. Il s'agit du reste, là, de répercussions dans des domaines autres que celui qui nous occupe; ce que nous voulons seulement faire ressortir, c'est que l'État devait désormais compter avec des personnes morales, sans cesse plus puissantes, issues du monde patronal aussi bien que du monde ouvrier.

Autrefois, la puissance d'intimidation du citoyen résidait dans un seul bulletin de vote; aujourd'hui, le citoyen fait partie de deux sociétés, il dispose de deux bulletins; il vote de deux manières, d'abord en tant que Français, c'est le bulletin de vote politique, puis en tant que professionnel dans le sein de son syndicat. Je veux bien que le terrain corporatif soit différent de celui de la politique, il n'en reste pas moins que le syndicat se refuse souvent à distinguer ces deux points de vue, croit avoir intérêt à les confondre et qu'alors il constitue, en élevant la voix au nom de la majorité de ses membres, un être étrangement plus redoutable pour le gouvernement.

Tant que les groupements sociaux sont restés uniquement soucieux d'intérêts corporatifs, leur existence pouvait être admise en marge de l'organisation politique de l'État qui, du reste, entendait gouverner sans leur concours. Mais il s'est trouvé que, de plus en plus, l'État était appelé à administrer plus qu'il ne

---

[15] Martin Saint-Léon, *Organisation*, 177.

gouvernait, et ce faisant, il devait être insensiblement poussé à demander conseil à ces organismes nouveaux, plus spécialisés et par conséquent plus compétents, qui de leur côté cherchaient toutes les occasions de s'immiscer dans la direction de la chose publique. De ce rapprochement nécessaire mais involontaire, qu'allait-il résulter ?

Les adversaires redoutaient encore de s'affronter et demeuraient hésitants. C'est alors qu'apparurent, aussi bien parmi les capitaines d'industrie que parmi les ouvriers syndiqués, des chefs énergiques, entreprenants, qui proposèrent des plans d'action. Ces hommes avaient le goût de la lutte, savaient entraîner derrière eux leurs partisans et, à défaut de vue d'ensemble, concentraient leurs efforts sur un but immédiat, bien défini.

Malheureusement, chacun d'eux se bornait à prêcher pour sa paroisse, n'avait aucune conscience de l'intérêt général et se préoccupait fort peu si une mesure, en satisfaisant les intérêts de sa corporation, allait à l'encontre des intérêts les plus immédiats de la corporation voisine. — Leur égoïsme professionnel s'exaspérait à chacun des refus de la puissance publique et leur colère était dangereuse, car ils étaient écoutés et suivis. Certains de ces meneurs, perdant alors toute mesure, devinrent de vrais théoriciens de la violence. Nous n'en voulons pour preuve que ces quelques mots de Georges Sorel :

> « La violence vient naturellement prendre place dans notre système : d'un côté, un progrès rapide du collectivisme conduit par un capitalisme déchaîné, et de l'autre, une organisation croissante du prolétariat, qui acquiert des qualités de puissance dans les luttes violentes que les grèves entraînent, voilà les deux conditions du syndicalisme révolutionnaire. » [16]

Ces idées simples, simplistes, présentant aux salariés la société composée seulement par deux classes ennemies poussent à la révolution sanglante en entretenant dans les esprits une foi mystique en la grève générale. Voilà le résumé de ce que peut faire de pire le syndicalisme ouvrier.

---

[16] Sorel.

M. Lagardelle ajoutait en 1907 : « Le syndicalisme est l'attaque contre les détenteurs du capital et la revendication de la direction de la production par les groupes producteurs. ([17]) » C'est la lutte ouverte contre l'ordre établi, contre l'État. Et il ne s'agit pas seulement là de cas isolés, d'extrémistes notoires, de visionnaires plus ou moins hallucinés. Dans toutes les classes, les gens raisonnables conviennent que le syndicalisme patronal et ouvrier, loin de se placer « dans les cadres anciens de l'État » — comment l'aurait-il pu ? —, se dresse « à côté de lui, en face de lui », et même « contre lui » ([18]).

Ainsi, le syndicalisme apparaît comme une force qui d'abord s'est imposée, est venue recouvrir de sa formule nouvelle les anciens principes et, au cours du XIXe siècle, a gagné tous les genres d'activité, s'est emparé de toutes les professions. Les patrons comme les ouvriers se sont coalisés. À la faveur du bouleversement social de l'après-guerre, ce syndicalisme s'est révélé encore plus redoutable, a engendré des déséquilibres inquiétants, a fomenté des grèves ruineuses et, un moment, a fait trembler le gouvernement : Le 1er mai 1920, à Paris, les rues étaient désertes — à peine quelques curieux —, les rideaux de fer des boutiques étaient baissés. Un vent de folie passait et les troupes du Gouvernement militaire de Paris (G.M.P.) consignées dans les casernes attendaient l'émeute.

Neuf ans ont passé. Aujourd'hui, le grand soir, on en sourit. Le volcan sommeille, mais il n'est pas éteint, et il suffirait d'une nette disproportion entre le taux des salaires et l'indice du coût de la vie pour rallumer l'incendie. Qu'une forte crise économique survienne et voilà l'État impuissant à maintenir l'ordre parce qu'il se trouverait placé entre deux forces anarchiques organisées contre lui : le syndicalisme ouvrier révolutionnaire qui aurait vite fait de retrouver le grand nombre de ses anciens adhérents, et le syndicalisme patronal qui opposerait une force d'inertie contre laquelle viendrait se briser toutes les bonnes volontés; car, à ces

---

[17] Lagardelle, *Mouvement socialiste*, 100.
[18] Benoist, *Crise de l'État, op. cit.*, 247, 287.

moments-là, l'industriel se refuse à travailler à perte et l'ouvrier affamé descend dans la rue.

Voilà le danger que représente pour tous le libre développement des forces économiques et ouvrières, sans doute indispensables, mais organisées en marge et contre la puissance publique essentiellement politique.

Mais pourquoi donc ne pas intégrer, fusionner avec l'État, des éléments de ces deux forces anarchiques organisées, pourquoi des chefs de syndicats ouvriers, des directeurs de trusts et de cartels ne siègeraient-ils pas sur les bancs du gouvernement ou à la Chambre des députés, à côté de nos élus politiques ? Ainsi, ils se trouveraient bien empêchés de prendre les armes contre eux-mêmes. Maîtres de l'heure, artisans de leurs propres œuvres, collaborateurs de ceux qu'ils combattaient naguère, comment et contre qui pourraient-ils partir en guerre ?

Voilà l'idée. Elle paraît simple. On l'a baptisée la représentation politique des intérêts économiques ou professionnels.

Nous venons de voir d'où provient cette conception, par quel processus et à la faveur de quels événements elle a réussi à se gagner des partisans autorisés, soit parmi les purs intellectuels soit parmi les hommes d'action. Examinons maintenant les possibilités de réalisation d'un tel système et tout d'abord recherchons dans le passé et dans le présent les initiatives qui ont déjà été prises dans cette direction, car il est toujours vrai qu'il faut s'instruire d'expériences et que l'histoire est un perpétuel recommencement.

*

* *

PARTIE I

Les réalisations en France

CHAPITRE PREMIER

ROME — Le MOYEN-ÂGE — La MONARCHIE ABSOLUE

Avec un peu de bonne volonté nous pourrions glaner des exemples de représentation professionnelle à travers toute l'histoire de France et même dans la plus haute antiquité.

Sous Servius Tullius

À Rome notamment, sous Servius Tullius, les artisans formaient huit collèges qui n'étaient pas tous dénués d'influence politique. Notons que ce fut là, du reste, la raison de leur suppression par le Sénat en 690. Plus tard, il est vrai, ils furent de nouveau tolérés, mais ce fut à la condition qu'ils ne dépasseraient pas leurs attributions professionnelles ([1]).

Sous Alexandre Sévère

M. Durkheim affirme qu'en dépit de cette règle, les associations professionnelles fleurirent à nouveau et qu'elles finirent par devenir de véritables rouages de l'Administration. Leurs chefs étaient même pourvus de fonctions officielles. Ce système, conclut M. Durkheim, aboutit sous Alexandre Sévère à une servitude intolérable.

---

[1] Martin Saint-Léon, *Histoire, op. cit.*, 13.

Souvenons-nous en et passons, sans nous y arrêter, sur les premiers siècles de notre ère; aussi bien, en ces temps reculés, la vie ouvrière n'était-elle pas très intense. Arrivons vite à une époque plus rapprochée de nous et que nous serons, par conséquent, plus aptes à comprendre.

Consuls des Métiers et Assemblées municipales

Et cependant, quelques mots sur le Moyen-Âge ne seraient pas déplacés ici. Nous sommes en effet, sur ce terrain de la représentation professionnelle, beaucoup plus près du Moyen-Âge que du XIXᵉ siècle.

Aux temps des libres communes de France, de la Ligue hanséatique, la vie corporative est étroitement rivée à la vie municipale et parfois même se confond avec elle pour la dominer.

À Paris, à Amiens, à Orléans, à Sommières dans le Languedoc, à Florence, à Gand, comme dans les places commerçantes des Flandres, nous trouvons de vivants exemples de l'immixtion des corps de métiers dans la gestion de la *res publica* (²).

Que le corps municipal soit uniquement composé des grands bourgeois, des tisserands et des délégués des métiers, ou que ce soit les doyens des corporations, les gonfaloniers qui nomment les échevins, les magistrats, les conseillers ou notables, partout nous retrouvons la puissante emprise de ces consuls des métiers dont la place était marquée jusque dans les assemblées d'États. Jamais pareille interdépendance entre les pouvoirs publics et l'artisanat ne fut aussi étroite qu'à cette époque-là.

Le Conseil supérieur du Commerce sous Henri IV

Mais le temps fit son œuvre et au fur et à mesure qu'aux dépends de la féodalité grandissait le pouvoir central, ces anciennes coutumes devaient finir par presque disparaître. Le souvenir en fut cependant conservé assez vivace pour donner naissance, dès 1607, sous Henri IV, à un Conseil supérieur du commerce.

---

² Pirenne, *Anciennes Démocraties*; Guizot, *Civilisation*, IV, 63.

De ce conseil nous connaissons peu de choses, et il serait assez malaisé de préciser ses rapports avec le pouvoir central. Nous savons seulement qu'il était un simple organe consultatif.

Le Conseil général du Commerce sous Louis XIV

Louis XIV, en créant en juin 1700, par arrêt du Conseil d'État, le Conseil général du commerce, continuait donc une tradition déjà consacrée : « [L]e roi étant en son conseil a ordonné et ordonne, qu'il sera tenu à l'avenir un conseil de commerce une fois au moins dans chaque semaine [...]. (3) » Cette assemblée était composée de dix-huit membres, dont six hauts fonctionnaires et douze des principaux marchands et négociants du royaume.

Sa Majesté voulait et entendait, ce sont les termes de l'arrêt, que « les corps de ville et les marchands négocians des villes ci-dessus marquées, s'assembleront dans le mois de juillet prochain, dans les hôtels de chacune desdites villes, pour procéder à ladite élection » de ces marchands et négociants délégués (4). Bien sûr, il ne pouvait s'agir de leur attribuer libre initiative. L'adage « Tout pouvoir vient du roi » était intangible. Ils devaient seulement examiner les propositions et mémoires qui leur étaient soumis et en discuter pour, « sur le rapport qui sera fait à S. M., des délibérations qui auront été prises dans ledit conseil de commerce, y être par elle pourvu ainsi qu'il appartiendra. (5) »

N'est-ce pas déjà ici l'apparition d'une représentation politique professionnelle clairement instituée ?

Après sa réorganisation de 1716, ce conseil devait fonctionner jusqu'en 1791, mais ses plus belles années datent du siècle de Louis XIV. La leçon vaut d'être retenue, surtout après constatation qu'au sein de ce conseil se trouvaient réunis le pouvoir exécutif en la personne de deux des ministres principaux et le pouvoir quasi législatif des gens de métiers et des techniciens.

---

3 France, *Recueil*, 364.
4 *Ibidem*, 365.
5 *Ibid.*, 364-365.

L'Évolution de la Corporation

La confusion moyenâgeuse entre les pouvoirs publics et l'activité économique dans le cadre municipal venait ainsi d'aboutir grâce à la corporation et par elle à une juxtaposition, près le pouvoir central politique, d'un seul conseil avec attributions purement consultatives. Ce phénomène était dû à une double transformation politique et sociale : transformation de la féodalité en monarchie absolue et évolution du mode associatif ancien.

Sans fusionnement et émancipation des antiques confréries de paroisse, jamais, en effet, les corps de métiers n'auraient été assez puissants pour s'imposer avec cette force à l'autorité omnipotente d'un monarque. L'ancienne association facultative et municipale était devenue obligatoire, nationale, et représentait la totalité des individus travaillant au même métier. La connexion de ces deux mouvements, l'affranchissement communal et l'organisation corporative totale, voilà les deux événements qui ont permis d'aboutir à un seul et unique conseil de représentation professionnelle. Ainsi, « la corporation a évolué du groupement libre au groupement obligatoire » (⁶).

Les ordonnances de 1581, sous Henri III, de 1597, sous Henri IV, et l'édit de Colbert de 1673, n'ont fait que reconnaître un état de chose préexistant. Les simples mutualités libres d'autrefois issues des *collegia* romains, des confréries et des guildes ont par elles-mêmes, et peu à peu, revêtu le caractère obligatoire sous la poussée « d'une force intérieure et d'une évolution spontanée » (⁷).

Est-il permis d'assimiler le syndicat actuel à la corporation ? Le caractère obligatoire du mouvement associatif moderne, devrait-il aujourd'hui comme jadis précéder une représentation centrale des intérêts professionnels ? Voilà la pensée importante que peut nous suggérer cette page d'histoire.

* *

---

⁶ Paul-Boncour, *Fédéralisme économique, op. cit.*, 433 (126-128).
⁷ *Ibidem*, 147.

CHAPITRE II

La RÉVOLUTION de 1789 et le CONSULAT

La Suppression des Corporations

Malheureusement pour sa destinée, la corporation n'était pas à l'abri de toute critique : on l'accusait d'être la cause d'une réglementation outrancière, d'être l'ennemie de la participation des compagnons à la direction ([1]), d'entraîner des privilèges abusifs et un véritable monopole du travail ([2]). On la prétendait par trop Ancien Régime « en ce sens que seule une aristocratie, celle des maîtres, y détenait le pouvoir économique dans ses trois manifestations : réglementaires, exécutives et juridictionnelles » ([3]).

Accuser un système d'être aristocratique, c'était, en 89, le vouer au néant, et voilà pourquoi, dès la nuit du 4 août, par un arrêté voté sans discussion, les corporations furent frappées à mort ([4]).

---

[1] Brentano, *Question ouvrière*; Levasseur, *Histoire*; Métin, *Socialisme*. Aussi : Sydney Webb.

[2] L'École des Physiocrates avait pourtant déjà élevé la voix à peu près en ces termes pour défendre le droit au travail : « Dieu a fait du droit au travail la propriété de chaque homme, parce qu'il lui a donné des besoins qui ne peuvent être satisfaits que par le travail. Et cette propriété est la première, la plus sainte, la plus imprescriptible de toutes. » (Brentano, *Question ouvrière, op. cit.*, 26-27.)

[3] Paul-Boncour, *Fédéralisme économique, op. cit.*, 153.

[4] La motion Le Chapelier (député de Rennes), qui aboutit à la loi des 14-17 juin 1791, s'exprime en ces termes : « Il n'y a plus de corporation dans l'État, il n'y a plus que l'intérêt particulier de chaque individu et l'intérêt général. Il n'est permis à personne d'inspirer aux citoyens un intérêt intermédiaire, de les séparer

L'Individualisme révolutionnaire

Le régime du tête-à-tête forcé fut institué. La Révolution n'a voulu voir et tolérer que deux éléments sociaux, l'individu et l'État. Prétendait-elle résoudre pour toujours ce problème : Tu vivras seul en face de l'État ou tu t'associeras à tes semblables pour te défendre contre la puissance publique ? On ne saurait dire si sa prétention allait jusque-là. Toujours est-il que le parti fut bientôt pris. Défense fut faite à l'homme de s'unir à ses semblables et avec eux de former sociétés ou associations quelconques. L'État, société de personnes, est le seul être collectif existant en face de l'individu isolé. Entre eux, aucune réalité collective. L'unité, le citoyen, demeure faible et désarmé devant l'ensemble, le tout, la masse, l'État. Pas de « groupes intermédiaires » dans le langage du temps. Adam Smith n'avait-il pas déjà affirmé que toute association est une conspiration contre l'intérêt public ? Robespierre traduisait à sa manière : « Pas de faction contre la nation. »

Oui, mais, est-ce là quelque chose de solide, de possible, de viable dans n'importe quelle société civilisée, même très peu industrielle ? Prenons le naturel exemple de cette société nouvelle issue de 89 — la Constituante et la Convention, ont-elles réussi à empêcher les citoyens de s'associer, et ceux-ci, ont-ils accepté de ne plus s'unir pour soutenir auprès du pouvoir central la défense de leurs intérêts professionnels ?

Si nous insistons sur cette idée, c'est parce que l'existence du groupe social est à la base de presque tous les projets actuels de représentation professionnelle, et il convient de se rendre compte si oui ou non, la Révolution a instauré un système possible et viable en supprimant toutes les collectivités privées. Si décidément l'individu constitue une réalité politique qui se suffit à elle-même, point n'est besoin de solidariser l'étude du mouvement associatif à la question de représentation professionnelle; mais si, au contraire, l'individu nous apparaît comme invinciblement lié à son clan, à sa

---

de la chose publique par un esprit de corporation. » Le 3 septembre suivant, le préambule de la Constitution de 1791 proclame : « Il n'y a plus de jurandes, ni corporations de professions, arts et métiers. »

catégorie professionnelle et sociale, au groupe auquel il donne son adhésion, alors il sera nécessaire de décalquer le système de représentation professionnelle qui nous occupe sur l'ensemble des associations et des groupes existants.

Or, voilà que l'histoire nous prouve que la poussée associative est un véritable instinct inhérent à la nature humaine. Autrefois, le clan, la tribu; aujourd'hui, dans la vaste nation aux modes d'activités largement différenciés, les groupes sociaux; au lendemain même de l'institution de l'individualisme le plus sévère, ils ont apparu comme absolument indispensables (5).

Bonaparte et les Groupes sociaux

Dès l'apparition de Bonaparte, les groupes sociaux se reconstituent. « À si peu de distance, il y a donc deux époques toutes différentes, deux œuvres [...] : la Révolution avait surtout détruit, Bonaparte reconstruisait. [...] L'Église renaît avec le Concordat. La magistrature forme de nouveau un corps hiérarchisé. L'enseignement est organisé en universités. Les professions libérales sont organisées en corporations obligatoires et réglementées. (6) »

Avoués, huissiers, notaires, avocats voient tour à tour, par des décrets et des lois, leurs professions à nouveau organisées (7). Les groupements industriels et les coalitions des patrons demeurent

---

5 Syèyes/Sieyès paraît avoir été à peu près le seul à entrevoir comme possible à cette époque la représentation politique des grands intérêts économiques : « Si l'on voulait instituer le mieux en ce genre dans mon opinion, on adopterait une combinaison propre à donner à la législature un nombre à-peu-près égal d'hommes voués aux trois grands travaux, aux trois grandes industries qui composent le mouvement et la vie d'une société qui prospère, je parle de l'industrie rurale, de l'industrie citadine et de celle dont le lieu est partout, et qui a pour objet la culture de l'homme. Un jour viendra où l'on s'apercevra que ce sont là des questions importantes [...]. » *Gazette nationale*, XXV/307, 294-295.

6 Paul-Boncour, *Fédéralisme économique*, *op. cit.*, 71.

7 Pour les avoués, ce sont les lois des 27 et 22 ventose an VIII et an XII, l'arrêté du 13 frimaire an IX, le décret du 16 juillet 1810. Pour les notaires, la loi de ventose an IX. Pour les avocats, la loi du 27 ventose an VIII et le décret du 11 juin 1806.

licites dans certains cas ([8]). Sans doute, « toute [coalition ouvrière, permanente ou temporaire,] continue d'être énergiquement réprimée » ([9]); mais enfin, on peut dire que Bonaparte s'est senti obligé, et a su comprendre, qu'il fallait aussitôt reconstituer les groupements des professions libérales. N'est-ce pas, d'ores et déjà, l'aveu que la société se composera toujours, bon gré mal gré, de deux entités politiques indestructibles, l'individu et le groupe social, ce dernier étant représentatif d'intérêts communs à toute une catégorie de citoyens ?

Et l'Empire lui-même, peut-être à l'encontre de ses préférences, dut s'accommoder d'une représentation de ces intérêts de groupes. Les chambres de commerce venaient d'être organisées par l'arrêté du 10 thermidor an IX, les chambres consultatives des arts et manufactures par la loi du 22 germinal an XI.

Oh ! Sans doute il s'agit là d'une représentation professionnelle qui fait bien piètre figure à côté des projets actuels, mais enfin, c'est déjà un premier pas, un minimum nécessaire, un essai peut-être grossier et mal équarri, timide ou insuffisant, mais un essai tout de même.

Et l'utilité de ces organismes était loin d'être illusoire puisque à l'heure actuelle ils restent bien vivants et unanimement respectés. Il est vrai qu'une loi de 1908 est venue légèrement moderniser les chambres de commerce; depuis, elles sont élues au suffrage de tous les commerçants et industriels, tout comme sont élus les tribunaux consulaires. Il semble même qu'elles se comportent absolument comme des organismes représentatifs et leur autorité est loin d'être négligeable auprès des pouvoirs publics.

Quant aux chambres consultatives des arts et manufactures, convenons-en, elles sont beaucoup moins actives. Démunies de budget et de personnalité morale, elles ne peuvent du reste former ou gérer des établissements ou entreprises d'intérêt collectif. Voilà un sérieux handicap.

Faut-il le regretter ?

---

[8] Paul-Boncour, *Fédéralisme économique*, op. cit., 74.
[9] *Ibidem*, 74-75.

— Peut-être, mais sûrement pas au point de vue de la représentation professionnelle, car il faut avouer que les organismes, dont nous venons d'esquisser ci-dessus la physionomie, sont encore fort peu dans l'esprit du système : tant que les employés et les ouvriers seront exclus de leur collège électoral, ils représenteront seulement les intérêts personnels des industriels et des commerçants; du reste, ils ne sont que des organismes de représentation locale.

Ces vestiges d'un lointain passé attestent, nous le répétons, qu'aux temps où fleurissait l'individualisme le plus pur, à une époque où l'industrie et le commerce étaient infiniment moins développés qu'aujourd'hui, il était déjà impossible de ne pas faire une part aux représentants des professions dans les conseils qui avaient charge d'éclairer la puissance publique.

* *

CHAPITRE III

Du CONSULAT au XXᵉ SIÈCLE

Faut-il également voir dans la Commission du Luxembourg, du 25 février 1848, un essai de représentation professionnelle permanente ?

— Pourquoi pas ? Si l'expérience ne fut pas heureuse, du moins fut-elle plus proche de l'idée actuelle.

Empêché par une majorité que soutenait le talent de Lamartine de créer son ministère du Travail, Louis Blanc, finit par accepter de présider une « Commission du gouvernement pour les travailleurs ». Les vice-présidents étaient l'ouvrier Albert, Marrast et François Arago. Des élections faites « un peu au hasard sans doute », nous confie Quentin-Bauchart, amenèrent à siéger, en costume d'atelier, sur les bancs des pairs de France, quelques deux cents ouvriers représentant les diverses corporations de Paris (¹).

Dès la première séance du conseil, nous assistons à un essai d'organisation d'un système régulier d'élection. Chaque corporation devait être dotée de trois représentants; l'un de ces trois délégués avait droit de siéger à la vraie commission où s'élaboraient les projets de réforme sociale; les deux autres, assistés de représentants des patrons et d'honorables économistes, ne devaient paraître qu'aux assemblées plénières pour sanctionner de leur approbation les rapports de la Commission du travail.

---

¹ Quentin-Bauchart, *Crise sociale*, 274.

Malheureusement les syndicats, à peine tolérés à cette époque, étaient encore fort peu nombreux et très mal organisés, et là où ils n'existaient pas, des assemblées turbulentes apparurent incontinent, çà et là dans les usines, dans le seul but d'élire leurs délégués. Dans ces conditions, aucune vérification de pouvoir n'était possible. Un comité restreint où siégeaient dix ouvriers tirés au sort et des économistes, comme Le Play, Victor Considérant et Pecqueur, fut institué. Les patrons, à raison de trois par profession, furent également invités à faire partie de la Commission; dix d'entre eux devaient siéger au Comité restreint; en fait, leur absence fut très souvent constatée.

Composée de six cents membres plus ou moins disciplinés, la Commission était incapable d'aborder aucun travail; seul le Comité restreint fut chargé d'élaborer un programme de réformes sociales.

Mais aucun plan d'ensemble ne fut jamais mis au point. On courut au plus pressé, à l'immédiat, on s'attaqua aux abus les plus criards, à ceux du moins qui défrayaient la chronique du jour, et au lieu de devenir un organe de gouvernement, cette Commission, ou plus exactement Louis Blanc et ses amis se transformèrent en tribunal de prud'hommes, en arbitres entre patrons et ouvriers. Il faut cependant reconnaître, par esprit de justice, que cet essai aboutit à des réformes importantes : la suppression du marchandage et la réduction des heures de travail. La journée fut ramenée à dix heures à Paris et à onze heures en province. Citons aussi à l'actif de la Commission du Luxembourg, un projet de création d'une cité ouvrière capable de loger quatre cents ménages. Les ressources affectées à la construction des immeubles devaient être fournies par un emprunt à 4 % avec garantie d'hypothèque; c'est la conception moderne du système des habitations à bon marché. Malheureusement ce projet resta encore lettre morte. Un décret, d'autre part, donna satisfaction aux vœux de l'Assemblée en prescrivant qu'un double registre pour offres et demandes d'emploi serait ouvert dans chaque mairie. Ce ne sont là que des succès partiels et la Commission se révéla incapable d'élaborer un ensemble de projets de réformes; elle finit par disparaître, car elle fut littéralement conduite hors des limites permises par l'entraînement des événements politiques. Un comité d'action uniquement composé d'ouvriers supplanta le Comité restreint et se donna pour seul but les élections prochaines.

Il faut voir dans cette expérience passée une leçon pour l'avenir; souhaitons aujourd'hui qu'on y reconnaisse pour les éviter, les obstacles inhérents au système.

Arago porta ce jugement à propos de l'échec lamentable de cette Commission : « Les théories du Luxembourg ont été funestes; elles ont fait naître des espérances qu'il était impossible de satisfaire. (^{2}) »

Les folles espérances de 1848 sont-elles maintenant mieux justifiées ? Cette étude n'est pas encore assez avancée pour nous permettre de répondre.

* *

---

^{2} Seignobos, *Révolution de 1848*, 49.

CHAPITRE IV

Au XXe SIÈCLE

Les Conseils du Travail

Puisque voici entreprise l'analyse des initiatives malheureuses, poursuivons cette investigation rétrospective : Voilà le moment venu de nous arrêter quelque peu au décret Millerand de 1900, prévoyant la création, par arrêtés ministériels, de conseils du travail.

Comment concevait-on alors ce nouveau genre de représentation professionnelle ? Ces conseils devaient être organisés dans toute région industrielle où l'utilité en serait constatée. Ils seraient divisés en sections professionnelles composées d'hommes ou femmes au moins âgés de 25 ans, ayant fait partie pendant dix ans au moins en qualité de patrons, employés ou ouvriers, de l'une des professions énumérées; sauf, évidemment, les cas de déchéance des droits civiques. Étaient électeurs les syndicats patronaux et ouvriers.

Ainsi composés, ces conseils se voyaient doter de trois ordres d'attributions : consultatives, délibératives et arbitrales.

Organes consultatifs, ils étaient chargés d'enquêter par le Conseil supérieur du travail et donnaient des avis.

Délibératifs, ils devaient établir des taux normaux de salaires et des maxima de durée de travail dans les professions représentées.

Arbitres, ils seraient considérés comme des conciliateurs soit pour sanctionner une entente intervenue entre patrons et ouvriers, soit, en cas d'échec, d'une tentative de conciliation (loi déc. 1892).

Mais ces conseils furent l'objet d'attaques violentes et de propositions de loi venimeuses. La loi du 17 juillet 1908 leur porta le coup de grâce en les dépouillant de leurs attributions arbitrales et délibératives ([1]).

Ce deuxième lamentable essai de représentation professionnelle serait, il est vrai, resté purement local; son manque d'envergure est sans doute la raison de ses insignifiants résultats pratiques.

Le Conseil supérieur du Travail

Bien plus sérieuses et importantes furent, au contraire, les initiatives qui amenèrent la création, près nos ministères (Travail, Agriculture, Colonies, Commerce, P.T.T., Travaux publics, Instruction publique), de véritables conseils gouvernementaux.

Certains de ces conseils, dont la création est déjà fort lointaine, ont longtemps traîné une pauvre existence, mais d'autres sont pleins de vie. Ceux-ci ont été remaniés, modernisés; leurs membres siègent, ceci ne fait aucun doute, dans le but d'assurer la défense des intérêts professionnels.

Prenons quelques exemples.

Le Conseil supérieur du travail, issu du décret en date du 22 janvier 1891, ne comportait à l'origine que deux catégories de membres : dix membres de droit, le plus souvent des directeurs de ministères, et cinquante membres nommés par décret.

En 1894, M. Depasse disait de lui : « [L]e Conseil s'acquitte aujourd'hui, pour les lois économiques et ouvrières, de la mission qui, dans l'ensemble de l'œuvre législative, devrait normalement être remplie par la section de législation du Conseil d'État. ([2]) »

---

[1] À partir de 1908, les conseils consultatifs du travail ne furent plus que les « organes des intérêts matériels et moraux de leurs commettants ». (Pic, *Législation industrielle*, 127.)

[2] Pic, *Législation industrielle*, *op. cit.*, 113.

Sous la poussée des protestations ouvrières, le décret du 1er septembre 1899 vint remanier l'organisation première qui, depuis, subit également d'autres retouches. Le dernier mot, en l'espèce, reste au décret du 31 janvier 1921 (³). Aujourd'hui, le Conseil supérieur du travail comprend 78 membres répartis en trois groupes de la façon suivante :

32 Patrons :	22, élus par les chambres de commerce et les chambres consultatives des arts et manufactures; 2 agriculteurs du Conseil supérieur de l'agriculture; 8 conseillers prud'hommes patrons.
32 Ouvriers :	8 conseillers prud'hommes ouvriers; 24 ouvriers ou employés, élus par les syndicats ouvriers légalement constitués.
14 Délégués :	8 parlementaires, élus par la Chambre et le Sénat; 1 membre du Comité fédéral des bourses du travail, élu par celles-ci; 2 membres de la chambre consultative des associations ouvrières de production, élus par les organisations adhérentes; 3 membres, choisis par le ministre du Travail parmi les membres de l'Institut et les professeurs de l'Université de Paris.

Ce Conseil, présidé par le ministre du Travail, fait ainsi figure de véritable assemblée professionnelle; il possède une Commission permanente de dix-neuf membres se réunissant en session ordinaire le deuxième lundi de novembre; il jouit d'attributions techniques et consultatives, renseigne le ministre sur les réformes réalisables, fut très souvent l'auteur de travaux très remarquables et constitue une sorte de vaste syndicat mixte où patrons, ouvriers et employés se rencontrent avec le gouvernement pour discuter au mieux de leurs intérêts.

En vérité, M. Charles Benoist s'est montré trop sévère quand, le 22 mai 1926, dans un numéro de l'*Écho de Paris*, il laissa entendre que le Conseil était « une assemblée au petit pied ». Les seules

---

³ Décrets des 22 janv. 1891 (60 membres), 1er sept. 1899 (66 membres) et 31 janv. 1921 (78 membres; *J.O.*, Lois et décrets, 23 janv. 1891, p. 378, 2 sept. 1899, p. 5925-5927, et 5 févr. 1921, p. 1640-1642).

critiques qu'on pourrait peut-être lui adresser toucheraient son mode de recrutement ouvrier trop complexe, mais si on s'attaquait à sa compétence, ce serait pour souhaiter la voir s'élargir.

Les Conseils supérieurs de l'Agriculture et des Colonies

Le *Journal officiel* du 30 septembre 1920 et un deuxième numéro en date du 15 mars 1922 portaient organisation d'un Conseil supérieur des colonies et d'un Conseil supérieur de l'agriculture. Dans ces deux nouveaux conseils nous retrouvons des traces de représentation professionnelle.

Le législateur a stipulé, en effet, que quarante membres du Conseil supérieur de l'agriculture devront être élus par les chambres d'agriculture récemment organisées. Nous n'en devons pas moins constater que les quarante autres membres doivent encore être nommés par décret. Il est enfin prévu qu'une section permanente du Conseil sera composée de vingt membres. L'impulsion donnée ne paraît pourtant pas être suivie et, pour fonctionner activement, ce Conseil attend encore la formation très lente à venir des chambres d'agriculture.

Quant au Conseil supérieur des colonies, nous ne le citerons que pour mémoire car, en vérité, il y est fait bien faiblement application du principe qui nous occupe. Créé le 19 octobre 1883, il commença, du reste, par languir fort longtemps. M. Albert Sarraut, en 1920, se donna pour tâche de le ressusciter. Organisme toujours consultatif, trois corps distincts sont destinés à le vivifier : le Haut Conseil colonial, le Conseil de législation coloniale et enfin le Conseil économique des colonies. Les membres des deux premiers de ces conseils composants sont destinés à être nommés par le ministre et ce n'est guère que dans la formation du Conseil économique que nous retrouvons un souci de représentation professionnelle. Doivent en effet y figurer, à côté des parlementaires coloniaux et de certains spécialistes nommés pour raison de compétence (économistes, financiers, commerçants, armateurs, agriculteurs), quatorze membres élus au scrutin secret pour quatre ans dans diverses colonies par tous les citoyens français ayant 21 ans révolus.

Le Comité consultatif supérieur du Commerce et de l'Industrie

M. Loucheur, à son tour, le 22 mai 1924, profitant d'une éclipse ministérielle, entreprit de tirer de sa retraite obscure un ancien conseil créé le 13 octobre 1882 et remanié le 5 juillet 1894. Il fit approuver par le Conseil des ministres et promulguer par le président de la République un décret visant l'organisation d'un Comité consultatif supérieur du commerce et de l'industrie.

MM. Poincaré et Lucien Romier s'en inquiétèrent, mais à quoi bon ? L'initiative nouvelle fit long feu. Destiné à ne connaître que les affaires que voudrait bien lui soumettre le ministre, cet organisme consultatif devait s'organiser à la façon d'un simple ministère du Commerce et, défaut capital, seuls des industriels avaient le droit de siéger.

Le 4 juillet 1924, M. Raynaldy reprenant l'initiative de M. Loucheur nous dota d'un nouveau Comité consultatif supérieur du commerce et de l'industrie.

Sorte de résultante de trois sections, industrielle, commerciale et d'organisation économique du pays, ce conseil devait en outre être pourvu d'une commission permanente et d'un secrétariat général. Il devait se composer de parlementaires, de présidents de chambres de commerce, de représentants des divers groupements économiques nommés par le ministre pour deux ans.

Le sort de ce dernier organisme ne fut guère plus heureux. Il tomba rapidement en discrédit. Une réprobation générale accueillit sa naissance. Mais aussi, pourquoi avoir conçu, au mépris du plus élémentaire équilibre, un ensemble de représentations professionnelles aussi mal proportionné ? N'y voyait-on pas cinq délégués de la métallurgie à côté d'un seul représentant de la Confédération générale du travail (C.G.T.) ? Et les groupes de l'alimentation, pourquoi n'étaient-ils pas représentés ?

Une violente campagne de presse aboutit à un remaniement, et coopératives et C.G.T. jouirent très vite d'une représentation plus conforme à leurs prétentions.

Accusé malgré tout par l'opinion publique de faire échec à la création, puis au fonctionnement régulier du Conseil national économique, le ministre du Commerce se crut obligé de soumettre à la signature du président de la République le décret du 23 janvier 1925 par lequel ce Comité ne serait dorénavant convoqué que « selon les nécessités ».

Chose curieuse, les nécessités ne se sont pas présentées et ceci signifie que le Comité consultatif supérieur du commerce et de l'industrie a complètement disparu, réduit à néant par la création du *Conseil national économique*.

Le Conseil national économique

M. Édouard Herriot, avant de s'embarquer pour les Chequers, où il devait conférer avec M. Ramsay MacDonald, avait prié son ministre du Travail, M. Justin Godart, de préparer au plus tôt un premier projet de conseil national. Le 19 juillet 1924, un arrêté vint aussitôt créer une commission d'études chargée d'instruire cette grosse affaire.

Un premier signe distinctif de l'ampleur nouvelle qu'on donnait au mouvement apparaît dans la composition elle-même de cette simple « commission d'études ». Nous y trouvons, sous la présidence du ministre du Travail, les noms de conseillers d'État (J. Gauthier, Laurent, Marc Larchevêque, Laîné), de représentants des intérêts agricoles et industriels (Frantz Jourdain et Glay), des délégués du travail intellectuel, un membre des associations ouvrières de production, trois membres de la C.G.T. (Jouhaux, Lenoir et Million), deux délégués des coopératives de consommation, un représentant du Bureau international du Travail, deux hygiénistes, des juristes.

En octobre 1924, après démarches, négociations et études laborieuses, un projet pouvait déjà être présenté aux pouvoirs publics; trois mois à peine avaient suffi à édifier les bases de ce grand conseil.

M. Jouhaux joua à ce moment-là un rôle important. Le rapport qu'on lui avait demandé fut très sérieusement pris en considération et sur bien des points la commission fit siennes des conclusions qui lui étaient au début purement personnelles. Remanié sur quelques points, le projet fut adopté dans son ensemble. Et le 16 janvier 1925, un décret, complété par différents textes de détails, organisait en France le Conseil national économique. L'article 134 de la loi du 3 avril 1926 est enfin venu sanctionner l'existence légale de l'organisme provisoire, à la condition qu'une loi ultérieure en déterminerait les règles définitives ([4]).

Son Infrastructure

Examinons maintenant son infrastructure.

1° Composition. — Pour réaliser pratiquement la décision de principe prise en janvier 1925, un arrêté du 9 avril de la même année désigna ainsi les associations et organisations privées susceptibles d'envoyer un ou plusieurs représentants au Conseil :

I. Population et Consommation — 9 délégués et 18 suppléants

a) Coopératives de consommation et ligues d'acheteurs :
   Fédération nationale des coopératives de consommation (2 dél., 4 suppl.), Ligue nationale des consommateurs et des associations de consommateurs et usagers des services publics (1 dél., 2 suppl.);
b) Association des maires, municipalités :
   Association nationale des maires de France (2 dél., 4 suppl.);
c) Usagers des services publics :
   Offices régionaux des transports (1 dél., 2 suppl.), Touring-Club de France (1 dél., 2 suppl.);
d) Pères et mères de famille et mutualité :
   Fédération nationale des familles nombreuses (1 dél., 2 suppl.), Fédération nationale de la mutualité (1 dél., 2 suppl.).

---

[4] Décret du 16 janv. 1925, arrêté ministériel du 9 avril 1925, décrets des 19 juin 1925 et 4 févr. 1926, arrêté du 5 févr. 1926, et loi de fixation du budget de 1926, art. 134 (*J.O.*, Lois et décrets, 17 janv. 1925, p. 699, 11 avril 1925, p. 3703, 20 juin 1925, p. 5686, 17 févr. 1926, p. 2170, et 30 avril 1926, p. 4927).

II. Travail — 30 délégués et 60 suppléants

a) Travail intellectuel et enseignement
Confédération du travail intellectuel (2 dél., 4 suppl.), Syndicat national des instituteurs et institutrices de France [et des colonies] (1 dél., 2 suppl.);
b) Travail de direction
1. *Industrie* :
Confédération générale de la production française (3 dél., 6 suppl.);
2. *Agriculture* :
Confédération nationale des associations agricoles (2 dél., 4 suppl.), Société nationale d'encouragement à l'agriculture (1 dél., 2 suppl.);
3. *Commerce* :
Comité national du commerce extérieur (1 dél., 2 suppl.), Consortium d'associations : Fédération des commerçants détaillants de France, Fédération commerciale et industrielle calaisienne, L'Alimentation parisienne, Fédération nationale des boissons (1 dél., 2 suppl.);
4. *Transports* :
Comité de direction des grands réseaux (1 dél., 2 suppl.);
5. *Coopération* :
Chambre consultative des associations de production (1 dél., 2 suppl.);
6. *Services publics* :
Union des syndicats d'électricité (1 dél., 2 suppl.).
c) Travail salarié
1. *Fonctionnaires* :
Fédération nationale des syndicats de fonctionnaires (2 dél., 4 suppl.);
2. *Techniciens* :
Confédération des travailleurs intellectuels, section des techniciens du commerce et de l'industrie (2 dél., 4 suppl.);
3. *Main-d'œuvre* :
Industrie : C.G.T. (5 dél., 10 suppl.);
Commerce : C.G.T. (1 dél., 2 suppl.); Confédération générale des travailleurs chrétiens (1 dél., 2 suppl.);
Agriculture : C.G.T. (1 dél., 2 suppl.);
Transports : C.G.T. (2 dél., 4 suppl.);
4. *Métiers urbains et ruraux (artisans)* :
Consortium des chambres des métiers d'Alsace et de Lorraine et de l'union des fédérations artisanales régionales de France et des colonies (1 dél., 2 suppl.), Confédération générale de l'artisanat français (1 dél., 2 suppl.).

III. Capital — 8 délégués et 16 suppléants

a) Capital industriel et commercial :
   Confédération générale de la production (2 dél., 4 suppl.), Caisse
   centrale des banques populaires (1 dél., 2 suppl.);
b) Capital immobilier :
   Propriété rurale : Fédération [nationale] de la mutualité et du crédit
   agricole (1 dél., 2 suppl.);
   Propriété urbaine : Chambre des propriétaires (1 dél., 2 suppl.);
c) Banque, bourse, assurance et caisses d'épargne :
   Banque de France, Union syndicale des banquiers de Paris et de la
   province (1 dél., 2 suppl.), Conférence générale des caisses d'épargne
   de France (1 dél., 2 suppl.), Union syndicale des compagnies
   d'assurance à prime fixe (1 dél., 2 suppl.).

Il a été définitivement convenu que les représentants de tous
ces organismes publics ou privés ne seraient qu'au nombre de
quarante-sept; ainsi ils pourraient tous siéger ensemble et les graves
défauts des grosses assemblées seraient évités; la leçon de 1848
avait porté. Une représentation prépondérante de trente membres
était accordée au Travail sous toutes ses formes. En cas de refus
d'une association, le président du Conseil a le droit d'en choisir
d'office une autre de même catégorie.

2° Attributions et Compétence. — Le Conseil national
économique, ainsi constitué, a été, par mesure de prudence vis-à-vis
du Parlement, rattaché à la présidence du Conseil et, prescrit le
décret, a été chargé « d'étudier les problèmes intéressant la vie
économique du pays, d'en rechercher les solutions et de proposer
l'adoption de ces solutions aux pouvoirs publics. ([5]) » Ainsi, non
seulement il doit étudier les questions qui lui sont soumises, mais
encore il peut se saisir lui-même; par contre, il n'a que pouvoir
consultatif. Quant à la souveraineté du Parlement et à l'autorité
gouvernementale, elles ne sont en rien amoindries.

3° Fonctionnement. — Le Conseil national économique, organe
consultatif composé des plus hautes personnalités du monde
économique et social français, voit son activité répartie entre trois

---

[5] Décret du 16 janv. 1925, art. 1er (*J.O.*, Lois et décrets, 17 janv. 1925, p. 699).

organes : l'Assemblée plénière, la Commission permanente et le Secrétariat permanent. Quelques aperçus sur le fonctionnement de ces différents rouages nous paraissent indispensables.

A) *Assemblée plénière.* — Le Conseil comprend des membres titulaires et des membres suppléants. Les premiers ont voix délibératives; les membres suppléants ne jouissent de ce privilège qu'en cas d'absence de leurs titulaires respectifs. Tous doivent être français, avoir 25 ans révolus et jouir de leurs droits civils et politiques. Les femmes peuvent à ces mêmes conditions être admises. Délégués par les groupements économiques, ces membres sont choisis selon la manière en honneur au Bureau international du Travail. La fonction est gratuite; seuls des remboursements pour frais de voyage ont été prévus. La durée du mandat est de deux ans; ce mandat ne peut être impératif. En cas de mort ou de démission de l'un des membres, il sera pourvu à son remplacement pour le temps restant à courir jusqu'à l'expiration des deux ans.

Le décret du 4 février 1926 et l'arrêté ministériel du 5 du même mois, modifiant les dispositions antérieures, ont stipulé que le Conseil se réunirait en session ordinaire aux dates fixées par sa Commission permanente. Ces cessions devront autant que possible coïncider avec le deuxième lundi du premier mois de chaque trimestre. L'assentiment du président du Conseil des ministres, président de droit de l'Assemblée, sera nécessairement requis chaque fois qu'il apparaîtra indispensable de convoquer une assemblée plénière extraordinaire.

Le décret du 19 juin 1925 institua deux vice-présidences, l'une devant être confiée à un représentant du patronat, l'autre à un délégué des associations ouvrières. Les organisations coopératives, la Confédération des travailleurs intellectuels et les groupes agricoles ayant alors manifesté leur désir de participer à la direction des assemblées, le Conseil et son président s'associèrent à leurs vœux et la création de deux nouveaux sièges de vice-président fut décidée. La direction des travaux du Conseil constitue en effet une charge assez lourde à assumer par des hommes déjà fort absorbés par leurs occupations personnelles. L'article 1er du décret du

4 février a prévu que ces quatre vice-présidents seraient élus à la majorité absolue. Ce sont eux qui, pendant la durée du Conseil, et à défaut du président, dirigent les débats à tour de rôle.

B) *Commission permanente.* — Le Conseil choisit dans son sein les dix membres de sa Commission permanente; les quatre vice-présidents en font partie de droit. À chacun de ces dix titulaires sont adjoints deux suppléants.

La durée de cette Commission est la même que celle du Conseil. Ses attributions sont celles qui, selon les nécessités, lui sont conférées; il a toutefois été prévu une fois pour toutes qu'elle était chargée de préparer les ordres du jour, d'exécuter les décisions et d'assurer l'expédition des affaires courantes entre les sessions. Il est en effet très vite apparu indispensable de préparer les travaux du Conseil avant l'ouverture de ses sessions, car il n'avait aucunement le loisir de réunir toute la documentation nécessaire à ses travaux.

La Commission permanente a donné jusqu'ici toute satisfaction et peut mériter la confiance de l'Assemblée. Deux autres séries de rouages, d'envergure secondaire, émanent directement de cette Commission permanente. Nous voulons parler du Bureau et des commissions.

Le Bureau agit par voie de délégation; il connaît des affaires que lui confie la Commission permanente; il est en outre généralement chargé de veiller à l'exécution des décisions.

Les commissions doivent examiner et préparer les questions mises à l'ordre du jour de la prochaine session. C'est encore la Commission permanente qui délègue ceux de ses propres membres qui doivent les composer en leur adjoignant certains autres membres du Conseil.

Le directeur des services du Secrétariat général du Conseil supérieur de la défense nationale, le représentant du gouvernement français au conseil d'administration du Bureau international du Travail, peuvent, comme les experts de droit, assister et même participer aux travaux du Conseil national économique. Ont également été nommés experts de droit deux fonctionnaires de chacun des ministères qui sont plus spécialement intéressés par les questions économiques ou sociales. Peuvent enfin assister et participer aux délibérations tant de la Commission permanente que de l'Assemblée plénière, les commissions compétentes des deux Chambres, les ministres, sous-secrétaires d'État et les hauts-commissaires. Le Conseil peut même les inviter à siéger et, par réciprocité, a également le droit de leur demander audience.

C) *Secrétariat permanent.* — Les décrets des 16 janvier et 9 avril 1925 ayant permis à l'Assemblée de créer les organes permanents qu'elle estime utiles à sa documentation, et notamment un Secrétariat permanent, la création de ce dernier fut aussitôt décidée.

Le Secrétariat permanent comprend deux fonctionnaires délégués au Conseil par différents ministères et, au-dessus d'eux, un secrétaire général nommé par décret. Le secrétaire général, qui est du reste assisté d'un secrétaire général adjoint, est choisi après avis du Bureau du Conseil national économique et du Ministère du Travail. Une proposition spéciale du président du Conseil précède sa nomination.

Ce Secrétariat doit rassembler tous les documents utiles au Conseil ou au gouvernement. Il est là pour éclairer leur religion et centraliser les recherches.

Le Conseil national économique dispose d'une compétence très large. Elle porte sur toute question ayant fait l'objet d'un vote de l'assemblée (majorité des deux tiers requise) ou d'une demande d'avis de son président.

Les décisions sont prises à mains levées et sur appel nominal lorsque le président ou cinq membres titulaires le désirent. Le nombre des suffrages exprimés doit au minimum être égal aux deux tiers des membres présents, faute de quoi aucune décision n'est acquise.

Le Conseil national économique donne à ses travaux la forme de « rapports » ou de « recommandations » dont les conclusions paraissent au *Journal officiel*; il peut encore adresser des doléances aux pouvoirs publics. Votées par les deux tiers des membres présents, les recommandations sont présentées par un vice-président du Conseil national économique au président du Conseil, « qui fera connaître, dans le délai d'un mois, la suite donnée, ou demandera d'examiner à nouveau la question. (⁶) »

Voici donc le gouvernement mis en demeure de donner des explications; le Conseil peut exiger de lui un compte rendu des suites. Cette procédure vaut d'être soulignée.

Je sais bien qu'il ne faut pas s'en exagérer la portée et que le chef du gouvernement, président de droit du Conseil national économique, est fort capable, grâce au prestige de son rang et le plus souvent de sa personnalité, d'être pour le Conseil un puissant objet d'intimidation. On aperçoit du reste encore fort mal jusqu'où pourraient aller les exigences du Conseil dans le cas où son propre président, chef du gouvernement, se bornerait, parlant au nom de ce dernier, à ne répondre qu'évasivement ou par des fins de non-recevoir aux recommandations ainsi présentées en pure perte pour la deuxième ou troisième fois.

Quoi qu'il en soit, le procédé tend directement à faire rendre des comptes par le Conseil des ministres à une assemblée extra-parlementaire, et ceci est dans notre vie politique un fait nouveau susceptible d'engendrer de graves conséquences. Laissons à l'avenir le soin de se prononcer; constatons seulement que les lois économiques, forcément techniques, manquaient de clarté et de précision, et souhaitons que le Conseil national économique leur en donne davantage grâce à une collaboration soutenue avec les Chambres et le Conseil d'État.

Son Œuvre et ses Travaux

Examinons maintenant la forme et la manière dont cette collaboration a, jusqu'à ce jour, été comprise et s'est réalisée.

Sans doute les débuts du Conseil furent pénibles, laborieux, hésitants; à cela rien de surprenant : une assemblée nouvelle de cette importance devait, fatalement, commencer par tâtonner avant de s'engager résolument dans une voie que nulle autre avant elle

---

⁶ Décret du 16 janv. 1925, art. 17 (*J.O.*, Lois et décrets, 17 janv. 1925, p. 700).

n'avait préparée. L'institution a cependant très vite produit des résultats positifs.

Le problème du logement fut l'objet de ses premières études et son premier rapport est en date du 8 février 1926 ([7]). Il ne peut être ici question d'analyser les conclusions choisies et encore bien moins d'en faire une critique, mais reconnaissons qu'elles furent sérieusement mûries au cours de trente séances de commission par les techniciens les plus avertis, après enquêtes savamment menées et à l'aide d'une vaste et minutieuse documentation.

En fin d'année 1926, le Conseil dut, sur la demande du gouvernement, se préoccuper de mettre sur pied un ensemble de mesures propres à atténuer les effets d'une crise de chômage qui a depuis disparu, mais qui, alors, s'annonçait inquiétante.

Le Conseil entreprit ensuite une enquête générale sur les lacunes et les défectuosités de notre outillage national. C'est là, bien entendu, une œuvre de longue haleine dont l'étendue a nécessité et nécessitera plusieurs séries de travaux. Les quatre séries de rapports actuellement publiés et se rattachant à ce vaste programme passent en revue les moyens de transport, la force motrice, les services de transmission, l'outillage et le développement de l'agriculture, l'outillage et la mise en valeur des colonies.

Quand il arrive au Conseil de formuler des conclusions ou recommandations devant entraîner des dépenses nouvelles, et c'est le cas le plus fréquent, il ne manque pas, dans le texte même du rapport correspondant, de faire précéder ses vœux d'un exposé des procédés susceptibles, à son avis, de financer au mieux les réformes ou travaux projetés. Cette façon de procéder ne manque pas d'utilité, car elle facilite les réalisations pratiques. Ces projets font du reste toujours l'objet de discussions détaillées au cours de nombreuses séances de commission; ils ne sont élaborés qu'après enquêtes approfondies, aussi bien près des services administratifs compétents que des corps d'industries ou de métiers intéressés. Les rapports émanent en général directement de présidents, directeurs ou secrétaires généraux à la tête des groupements professionnels

---

[7] *J.O.*, Annexes, 20 févr. 1926, p. 227-231.

choisis parmi les plus importants ([8]). Les commissions parlementaires n'auraient certainement jamais mis sur pied un programme aussi sérieux et fortement charpenté parce que manquant de la compétence nécessaire.

Son Projet de Mutation

En dépit de l'utilité incontestable de ces premiers travaux, un projet de loi, actuellement encore en discussion devant les Chambres, considère que le Conseil national économique n'a pas trouvé sa forme définitive et doit être remanié.

Et tout d'abord, y est-il dit, « il n'y a aucun avantage appréciable à créer deux classes de membres : les titulaires et les suppléants ». Soit ! 47 titulaires et 94 suppléants font actuellement 141 membres. Le projet indique que l'expérience des dernières sessions permet de ne pas considérer comme excessif le nouveau chiffre de 150 membres. Souhaitons, sous peine de retomber dans les erreurs passées, que ce chiffre soit un maximum définitivement choisi.

La durée du mandat serait portée à six années et le Conseil serait renouvelable tous les trois ans par moitié. Le président du Conseil des ministres resterait président de droit et aurait pour assesseurs, quatre vice-présidents élus pour trois ans en assemblée plénière; le secrétaire général serait nommé par décret.

Cinq commissions permanentes et des commissions spéciales (quinze membres au moins, vingt-cinq au plus) ont été prévues; tous leurs membres seraient choisis dans le sein du Conseil.

Pour différencier les grandes catégories professionnelles, le projet de loi use des trois signes distinctifs : production, circulation, consommation. Des 150 sièges, trois-quarts environ iraient à la

---

[8] Exemple : « Les voies navigables », de M. Pierre Richemond, président de l'Union des industries métallurgiques et minières; « Les ports maritimes », de M. Eugène Ehlers, secrétaire de la Fédération des syndicats maritimes; « Les communications maritimes », de M. Gaston Breton, directeur général des Chargeurs réunis; « Les combustibles solides », de M. Henri de Peyerimhoff, président du Comité central des houillères de France; « L'aéronautique marchande française », de M. Raoul Dautry, directeur général des Chemins de fer de l'État.

production et un quart au commerce. Ces taux, sans être rigoureusement respectés, tendraient à accorder le nombre des représentants de ces deux catégories avec les résultats du recensement professionnel de 1921.

I. Production — 80 délégués

a) Capital foncier — 10 délégués : les chambres d'agriculture (3), de commerce (3), de propriétaires (2), les offices d'habitation à bon marché (1), les services du Domaine de l'État et des Eaux et Forêts (1).

b) Matières premières, outillage et forces motrices — 30 délégués : les groupements professionnels des diverses branches de l'agriculture (12), de l'industrie (12), la Confédération générale des associations agricoles (2), la Confédération générale de la production industrielle (2), les manufactures de l'État (2).

c) Travail dans la production — 40 délégués : la main-d'œuvre agricole (10), la main-d'œuvre industrielle (10), les ingénieurs, savants, économistes et juristes (6), les confédérations générales des travailleurs de l'agriculture et de l'industrie (4), la main-d'œuvre artisanale (2), les agents des services publics (2), la Confédération des travailleurs intellectuels (2), les coopératives de production (1), les institutions d'hygiène et d'amélioration de la race (1), les institutions d'apprentissage et d'enseignement technique (1), les institutions d'immigration, d'émigration et de placement (1).

II. Circulation — 48 délégués

a) Monnaie et crédit — 9 délégués : les banques d'émission (2), les institutions de crédit foncier, d'amortissement et de dépôt (2), les banques autres que les banques d'émission (2), les coopératives de crédit agricole, industriel, commercial, artisanal (2), les bourses (1).

b) Commerce — 9 délégués : le commerce de gros (3), le commerce demi-gros et détail (3), le commerce extérieur (3).

c) Moyens de transmission et de transport — 12 délégués : P.T.T. et T.S.F. (2), presse (2), outillage public (2), transports ferroviaires (2), transports routiers (1), transports fluviaux (1), transports maritimes (1), transports aériens (1).

d) Travail dans les échanges, les transmissions et les transports — 18 délégués : les groupements professionnels représentant le personnel employé dans les institutions de crédit, les bourses et les banques (5), le commerce (5), les transmissions et les transports (8).

III. Consommation — 22 délégués

a) Intérêts communs aux consommateurs — 8 délégués : les départements de moins de 300 000 habitants (1), de 300 000 à 500 000 habitants (1), de plus de 500 000 habitants (1), la Seine (1), les communes de moins de 2 000 habitants (2), de plus de 2 000 habitants (1), Paris (1).

b) Groupements privés d'usagers — 6 délégués : les coopératives de consommation (2), les ligues de consommateurs et d'acheteurs, associations d'usagers, groupements de locataires (2), les organismes et associations de tourisme (2).

c) Mutualité, assurance et épargne — 6 délégués : les sociétés de secours mutuels (2), les caisses d'assurance sociale (2), les compagnies d'assurances (1), les caisses d'épargne (1).

d) Budget de l'État — 2 délégués : les associations de contribuables (1), la Direction générale du Budget (1).

Le Conseil national économique ainsi remanié devrait tenir deux sessions plénières par an, en décembre et en juin; il pourra être convoqué en session extraordinaire soit par son président soit à la demande de son Comité permanent ou du tiers de ses membres.

Ses attributions resteraient sans grand changement; il pourrait être saisi par le gouvernement, mais pourrait aussi inscrire à son ordre du jour les problèmes économiques sur lesquels il lui paraîtrait utile d'adresser des vœux aux pouvoirs publics.

L'avant-dernier article du projet de loi stipule enfin qu'il serait « pourvu aux dépenses du fonctionnement du Conseil national économique par des crédits inscrits au titre du budget de la présidence du Conseil ».

Quel jugement porter sur cette réforme prochaine ?

L'augmentation raisonnable du nombre des membres du Conseil et leur nouvelle répartition paraissent plus conformes aux réalités économiques, mais l'assemblée professionnelle issue de ce projet de loi resterait en très étroite dépendance de la présidence du Conseil, ce qui, à notre sens, limiterait trop sa liberté d'action.

La fidélité à la Constitution et le respect des prérogatives du Parlement ne nécessitent peut-être pas pareille tutelle. Ne pourrait-on l'en libérer et donner à ses recommandations la forme et le caractère de véritables propositions de loi, dont la discussion serait directement portée devant les Chambres ?

Ce système n'empêcherait pas le gouvernement de faire siennes celles des conclusions du Conseil qu'il jugerait bon d'adopter, mais aurait cet avantage important de permettre au Conseil de dominer, le cas échéant, la pression gouvernementale et de présenter lui-même ses projets de réformes à la tribune de la Chambre, aux représentants du suffrage universel. Ils seraient ainsi soumis, aussitôt, à l'épreuve d'une discussion ouverte, publique; cette procédure donnerait, semble-t-il, plus d'autorité, plus de poids aux décisions du Conseil national économique.

*

*   *

PARTIE II

Les réalisations à l'étranger

« Dans d'autres pays, sous d'autres formes, les organisations économiques concourent au développement de la production nationale. Fort de ces exemples, nous devons à la fois nous en inspirer et éviter aussi les écueils qu'ils nous révèlent. »

(Discours de M. le Président du Conseil, P. Painlevé, prononcé à la séance inaugurale du Conseil national économique le 22 juin 1925.)

CHAPITRE PREMIER

En ALLEMAGNE : le CONSEIL ÉCONOMIQUE d'EMPIRE

Tout comme notre Conseil national économique, le Conseil économique d'Empire de l'Allemagne n'est pas le fruit d'une génération spontanée; il a ses origines.

Les Antécédents

Un jour fut, en effet, « où Bismarck lui-même, qui n'avait établi le suffrage universel dans l'Empire que pour créer un contrepoids au particularisme des États, projeta de constituer un conseil économique à côté du Parlement » ([1]).

Un Conseil économique prussien (*Volkswirtschaftsrat*) est constitué le 17 novembre 1880 par ordonnance royale. Ce Conseil se compose de 75 membres nommés par le roi pour cinq ans; 45 de ses délégués doivent être choisis sur des listes de présentation établies par les chambres de commerce, d'industrie et d'agriculture; les 30 autres sièges sont directement pourvus par le ministre compétent et sont pour moitié réservés à des ouvriers et à des artisans; 30 délégués des États devaient venir renforcer les 75 premiers membres.

Bismarck échoua dans sa tentative : le Reichstag s'aperçut très vite quelle machination était ainsi ourdie contre lui; les partis de

---

[1] Duthoit, Préface de *La Représentation professionnelle*.

gauche et le Centre repoussèrent la demande de crédits destinés à indemniser les délégués et à leur rembourser leurs frais de déplacement.

« Le Chancelier battu n'insista pas. Il sentait déjà diminuer son prestige. Bientôt c'est dans la retraite qu'il devait continuer à s'intéresser au problème de la représentation. [...] Il lui arriva plus d'une fois, après être descendu du pouvoir, de marquer sa rancune tenace contre les partis, et de prêcher l'union des abeilles productrices contre les frelons politiciens [...]. » (²)

Les disciples du Chancelier de fer tinrent longtemps le même langage; c'est ainsi que la réforme de la seconde Chambre du royaume de Saxe, en 1909, s'accomplit partiellement sur la base des professions (³).

La Constitution et la Représentation professionnelle

L'idée de conseil économique d'Empire réapparut au moment de la Révolution du 9 novembre 1918.

Sous la pression des syndicats et organisations ouvrières, le gouvernement dut alors s'incliner et, par son ordonnance du 4 mars 1919, prévoyait et permettait la création de conseils d'entreprise, de conseils régionaux du travail et, au-dessus d'eux, d'un conseil central du travail. Cette structure était couronnée le 6 mars 1919, par décision du Conseil des ministres, d'un comité économique gouvernemental.

L'article 165 de la Constitution de Weimar du 11 août 1919 vint simplement consacrer ces premières décisions; cet article fondamental est ainsi conçu : les ouvriers et employés sont appelés à collaborer en pleine égalité et solidarité avec les employeurs à la fixation des conditions de travail et de salaire, ainsi qu'au développement économique des forces productives en général.

Les organisations patronales et ouvrières ainsi que leurs accords étaient reconnus. Les ouvriers et employés obtenaient pour

---

² Prélot, *Représentation professionnelle*, 27.
³ Duthoit, Préface de *La Représentation professionnelle, op. cit.*

la sauvegarde de leurs intérêts sociaux et économiques d'être légalement représentés aux conseils ouvriers d'entreprise, aux conseils ouvriers régionaux, constitués par régions économiques, et au Conseil national ouvrier.

Les conseils ouvriers régionaux et le Conseil national ouvrier, pour remplir leur tâche économique générale et collaborer à l'exécution des lois de socialisation, devaient se réunir avec les représentants des employeurs et des autres milieux intéressés pour former des conseils économiques régionaux et un conseil économique national.

Les conseils économiques régionaux et le Conseil économique national devaient être constitués de telle façon que tous les groupes professionnels notables y étaient représentés en fonction de leur importance sociale et économique. Les projets de loi essentiels en matière de politique économique et sociale devaient, avant leur adoption, être soumis pour avis au Conseil économique national par le gouvernement du Reich. Le Conseil économique national avait le droit de prendre lui-même l'initiative des propositions de même ordre qui devaient être discutées comme les propositions du gouvernement du Reich ou du Reichsrat (art. 34.a).

Le gouvernement du Reich, même s'il n'y donnait pas son assentiment, devait transmettre les propositions au Reichstag en y joignant l'exposé de son propre point de vue. Le Conseil économique national pouvait faire soutenir la proposition devant le Reichstag par un de ses membres.

Les conseils ouvriers et les conseils économiques pouvaient, dans leur sphère, recevoir des pouvoirs de contrôle et d'administration.

Cependant, la constitution et les attributions des conseils, comme leurs rapports avec d'autres corps sociaux autonomes, relevaient exclusivement de la compétence du Reich. Ainsi, aucune initiative n'était laissée au pays.

Les paragraphes de cet article, qui instituaient la hiérarchie des conseils d'entreprises et des conseils généraux furent inopérants : conseils ouvriers d'entreprises et conseils économiques régionaux étaient lents à s'organiser et les intéressés semblaient même répugner à faire l'effort nécessaire à leur création.

Il fut alors décidé que serait créé un conseil du Reich dont les membres émaneraient directement des diverses organisations professionnelles et corporatives, elles-mêmes désignées selon des modes déterminés par libres accords ou, à défaut de ceux-ci, par la loi.

Mais des divergences de vues entre le Ministère du Travail et celui de l'Économie nationale retardèrent l'organisation de ce conseil central : le premier de ces ministères préconisait, en effet, une représentation locale, régionale, le second, une représentation nationale.

Le Conseil économique national provisoire

L'ordonnance du 4 mai 1920 vint enfin mettre sur pied un *Conseil économique national provisoire.*

Les premiers projets n'avaient prévu que cent délégués. Ce nombre fut vite jugé insuffisant pour pourvoir à une équitable représentation des intérêts professionnels; dès l'automne 1919, il était question de 160 délégués. Le projet officiel du 4 décembre 1919 en prévoyait 200, mais le 16 décembre, on en était à 280. L'entente entre Commission et Reichsrat se fit fin avril 1920 sur le chiffre encore plus élevé de 326. Ainsi, la leçon de 1848, qui avait si nettement prouvé à la France les graves défauts des assemblées nombreuses n'a pas été profitable à l'Allemagne. Il en est des peuples comme des individus : l'expérience de l'un profite rarement au voisin, chacun s'instruit à ses propres dépens.

Voici, en pourcentages et nombres de sièges, la répartition adoptée pour la constitution de ce Conseil économique :

	Mandataires de la production		Sièges	%
	Patronat	Salariés		
Agriculture, sylviculture	34	34	68	20,86
Jardins, pêcheries	3	3	6	1,84
Industrie	34	34	68	20,86
Commerce, banques, assurances	22	22	44	13,49
Transports, entreprises publiques	17	17	34	10,43
Métiers	18	18	36	11,04
Consommateurs			30	9,20
Fonctionnaires, prof. libérales			16	4,90
Représentants du Reichsrat			12	3,69
Économistes du gouvernement			12	3,69
		Totaux :	326	100

Le 30 juin 1920, le chancelier Fehrenbach ouvrait la première session de ce Conseil économique provisoire et saluait en lui le « premier parlement économique du monde » :

> « Le vieux leader du Centre qui présida le Reichstag impérial et la Constituante républicaine n'avait de son fauteuil jamais considéré aussi importante réunion. Dans cette enceinte siègent, ou siègeront quelque jour — les chefs agrariens : Edler von Braun, Heim, Schorlemer; les grands industriels : Deutsch-Borsig, Sorge, von Siemens, Stinnes, Rathenau; les banquiers : Mendelssohn ou Salomonsohn; les armateurs, parmi lesquels Cuno qui sera chancelier; les ministres ou anciens ministres du Travail et de l'Économie : Brauns, August Müller, Scholz, Wissel; les dirigeants des syndicats libres chrétiens[, Hirsch-Duncker :] Legien, Adolf Cohen, Imbusch, Baltruch, Brauer, Erkelenz; les doctrinaires socialistes : Kautsky, Max Cohen, Hilferding. Ce sont là d'ailleurs seulement quelques catégories et quelques noms. Ces 326 délégués représentent vraiment l'élite économique et sociale de l'Allemagne... On entend les ministres des Affaires étrangères, des Finances, de l'Économie nationale, du Travail, de l'Agriculture — Stinnes, Rathenau, Hue prennent la parole... » [4]

Et pourtant, ce Conseil, dont il était prématurément prononcé l'éloge, n'était en réalité affublé que d'attributions médiocres. Manquant d'infrastructure et pourvu d'un rôle seulement consultatif, cet organisme n'était pas à l'abri de toute critique. Outre

---

[4] Prélot, *Représentation professionnelle, op. cit.*

son trop grand nombre de membres qui fait de lui une machine encombrante et pesante, on pouvait aussi lui reprocher de n'avoir pas su assurer la représentation de tous les intérêts privés collectifs : sans doute, les grandes corporations, les grands syndicats étaient représentés, mais les petits groupes associatifs d'intérêts à nombre restreint d'individus y auraient en vain cherché leur porte-parole; faute de délégué direct, ils étaient bon gré mal gré contraints de considérer comme leur mandataire un des délégués des puissantes organisations voisines, et ceci n'allait pas sans froisser leurs légitimes susceptibilités.

Force fut donc aux créateurs du Conseil de prévoir l'institution d'experts chargés de lui rapporter les doléances de tout corps de métier non représenté. Puisque, dès lors, l'institution de ces experts apparaissait comme indispensable et fatale, mieux eut valu, quitte à faire plus souvent appel à eux, leur réserver un rôle plus important encore et sacrifier certaines représentations d'ordre secondaire pour ne retenir que les grandes catégories.

Le dilemme de Rotteck semble prendre ici toute sa valeur : « Ou bien, dit-il, constituer de grandes catégories abstraites, ou aboutir à d'invraisemblables complications. »

Mais ce dilemme est encore discutable. Il nous paraît comporter un mot de trop, c'est le mot « abstraites ». Essayer, en effet, de débrouiller brin par brin le plexus social des intérêts, c'est sans doute aboutir à d'invraisemblables complications, mais rien ne prouve que, si l'on se décide à faire choix des grandes catégories, celles-ci soient forcément abstraites — pourquoi abstraites ? Ces grandes catégories ne sont-elles pas matériellement concrétisées en la personne morale des trusts, cartels, ou grands syndicats patronaux et ouvriers ? Et si dès lors on double leurs représentants d'experts destinés à éclairer le Conseil sur les intérêts collectifs de groupes secondaires à nombre restreint d'individus, on évite la complication et il semble qu'on ménage ainsi toutes les susceptibilités.

Le Conseil aurait donc pu, sans crainte de tomber dans l'abstraction, tout en conservant l'institution indispensable d'experts investigateurs, sacrifier certaines représentations de second ordre et ne considérer que les grandes catégories. Il y aurait gagné en ordre et cohésion.

Le règlement du 10 juin 1921 vint essayer de lui en apporter en reconnaissant une grande articulation en trois sections : employeurs — ouvriers — consommateurs, professions libérales, fonctionnaires et membres désignés par le Reichsrat et le gouvernement, ces derniers ayant la prétention d'être au sein du Conseil les représentants des intérêts généraux, justes arbitres entre les travailleurs et leurs patrons.

En dépit de son pouvoir limité, son activité s'étendit à un grand nombre de questions : impôts, habitation, régime du blé, transports, accords de Spa, conférence de Gênes. Ses vingt-quatre commissions se spécialisèrent dans l'étude de certains problèmes : charbon, régime des eaux, finances, etc., mais ses réunions prirent vite, en raison de la multiplicité de ses membres, une allure parlementaire, ses assemblées plénières s'espacèrent, puis se tinrent à huis-clos.

En présence de cet état de choses et faute de voir s'établir la hiérarchie des conseils économiques locaux et régionaux, dont rien ne laissait prévoir la prochaine création, le gouvernement allemand résolut de transformer ce Conseil économique provisoire qui venait de se révéler impuissant.

Le Nouveau Conseil économique

Un projet plus modeste de conseil permanent et définitif fut élaboré; à la répartition par professions est substituée celle par grandes catégories sociales. Le nombre des membres passe de 326 à 126, en quatre sections :

I. – Le patronat — 41 membres : agriculture, 12; industrie, 12; artisans, 4; commerce, 5; banques-assurances, 4; transports, 4.

II. – Les salariés — 41 représentants désignés par certaines fédérations.

III. – Les 14 membres nommés discrétionnairement par le Reichsrat et le gouvernement d'Empire.

IV. – Les 30 délégués choisis par le gouvernement d'Empire, le Reichsrat et la presse parmi les techniciens les plus remarquables.

Ces quatre sections sont rarement réunies en séance plénière; elles font l'office de réservoir où le Comité de direction (composé de neuf membres nommés par les sections pour un an) placé à la tête du Conseil puise les membres des diverses commissions d'enquête dont il assume l'organisation. Toutes ces commissions sont présidées par un fonctionnaire qui jouit des pouvoirs les plus étendus pour exiger de toute personne les documents ou renseignements nécessaires à l'accomplissement de sa tâche qui, en fait, se borne à assumer la rédaction de rapports destinés à éclairer le gouvernement.

Le nouveau Conseil a un rôle réduit; il est un organe strictement consultatif et ne peut même plus, de son propre mouvement, se faire représenter au Reichstag; il doit attendre l'invite de ce dernier. La dévolution à des fonctionnaires de la présidence des commissions d'enquête place le Conseil sous la dépendance étroite du gouvernement; la représentation de l'agriculture paraît être hors de proportion avec l'importance qu'elle a dans le Reich; le nombre des membres du Conseil nommés directement par le gouvernement s'est enfin accru considérablement et les professions libérales ne désignent plus directement leurs délégués — c'est là le résumé des critiques sévères adressées au nouveau Conseil par les représentants de l'industrie allemande ([5]).

---

[5] *Gazette de Francfort*, Brauweiler.

Il semble bien par ailleurs que les Allemands aient dans l'ensemble cessé d'espérer beaucoup du fonctionnement régulier d'un conseil économique national à contexture savamment différenciée et à compétence étendue. Ils ont perdu leurs premières illusions et paraissent s'acheminer vers un régime parlementaire comparable au nôtre actuel. Mais n'est-ce pas là une manifestation de la réaction fatalement provoquée par les fautes commises lors de l'organisation du Conseil économique national provisoire ? Dans leur désir de voir grand et d'organiser un conseil imposant avec un nombre très élevé de membres, dans leur volonté d'établir une céramique complexe de tous les intérêts collectifs, même secondaires, dignes de représentation, ils avaient alors créé un organisme formidable qui s'est écrasé sous son propre poids. Le défaut d'organisation des conseils économiques hiérarchisés prévus par la Constitution de Weimar est la seconde cause de la réaction actuelle qui vient d'aboutir à la création d'un simple conseil gouvernemental de très petite envergure. Rien ne permet d'affirmer que c'est là, l'aboutissement du mouvement d'oscillation auquel nous assistons.

* *

CHAPITRE II

En ITALIE

Les trois réformes fondamentales du fascisme sont (^{1}) :

1° La réforme sociale, basée sur :
   a) Une organisation corporative.
   b) Les contrats collectifs de travail.
   c) La magistrature du travail.
2° La réforme parlementaire, basée sur :
   La représentation syndicale.
3° La réforme des codes.

Le Grand Conseil du Fascisme

Le Grand Conseil est né spontanément, une nuit de janvier 1923, dans l'appartement privé de Mussolini, alors que celui-ci avait réuni autour de lui, pour former la Milice Fasciste, les Lieutenants de la Révolution. (^{2})

Il existe toujours une Chambre des députés et un Sénat en Italie, mais ces deux assemblées plus ou moins parlementaires sont dominées par le « Grand Conseil fasciste ».

« Organe suprême qui coordonne et intègre toutes les activités de la vie publique », en fait, le Grand Conseil est pour M. Mussolini, qui le préside et qui a toujours rêvé d'en faire

---

[1] Pour une bibliographie des plus complètes sur le fascisme, voir Santangelo et Bracale. (Bibliothèque Fac. Droit, n° 42033.)

[2] Barda, « Principales Réformes fascistes », 302.

« comme une synthèse de toutes les forces organisées du régime » (³), un véritable état-major.

Ses *membres permanents* sont choisis parmi les chefs les plus éprouvés du fascisme; ses *membres temporaires* doivent l'honneur de leur collaboration à leurs fonctions publiques (présidents du Sénat et de la Chambre, ministres, présidents de confédérations nationales de syndicats légalement reconnus, etc.). Le Duce peut en outre nommer membre du Conseil pour trois ans, avec droit de révocation et tout temps, « ceux qui ont bien mérité de la Nation et de la Révolution fasciste ».

La fonction est gratuite. Le Grand Conseil fasciste doit obligatoirement être consulté sur l'opportunité de toute loi ou mesure ayant un caractère constitutionnel, ainsi que sur les conclusions de traités internationaux affectant l'intégrité du territoire. Il est devenu l'une des assemblées constitutionnelles de l'État italien de par une loi votée au mois de novembre 1928.

La Charte du Travail

L'organisation corporative actuelle a été mise en vigueur par la promulgation de la Charte du travail, texte approuvé par le Grand Conseil du fascisme le 21 avril 1927 (⁴) :

Premier Principe
Article Premier. — « La Nation italienne est un organisme ayant des buts, une vie et des moyens d'action supérieurs, tant par leur puissance et par leur durée, à ceux des individus ou des groupements qui la composent. C'est une unité morale, politique et économique qui se réalise intégralement dans l'État fasciste. »

Second Principe
Art. 2. — « Le travail [...] est un devoir social. À ce titre, [...] il est réglementé par l'État. »

Conséquence : Les corporations, organes de production, sont organe de l'État.

---

³ *Illustration*, 9 mars 1929.
⁴ *Gazetta*, 30 avril 1927; Barda, « Principales Réformes fascistes », *art. cit.*, 283.

Il n'est pas porté atteinte à la liberté d'association, le syndicat n'est pas obligatoire, mais seul le syndicat légalement reconnu conclut pour l'ensemble de la catégorie professionnelle qu'il représente, les contrats collectifs de travail; seul, il a le droit de participer à la désignation des candidats députés.

Pour qu'un syndicat d'employeurs ou d'employés soit reconnu par décret royal, il faut qu'il groupe le dixième des ouvriers de la catégorie professionnelle envisagée dans le cadre de la circonscription territoriale où s'exerce son activité (commune, province, région). Au-dessus des groupements professionnels, communaux, provinciaux, régionaux s'organisèrent des fédérations interrégionales, des confédérations nationales dont le Ministère des Corporations, fondé en 1926, a pour tâche de contrôler et de coordonner les programmes. Un tableau de cette organisation syndicale est annexé à la Charte du travail ([5]).

Organisation syndicale ou corporative ? Comment s'exprimer ?

À vrai dire, l'organisation du travail n'est pas encore achevée en Italie. La loi du 3 avril 1926, art. 3, et le règlement d'exécution du 1er juillet 1926, art. 42, ont bien prévu la réunion des associations syndicales d'employeurs et des associations syndicales ouvrières en organes supérieurs appelés corporations (une par genre de production), mais ces projets ne sont pas encore pratiquement réalisés. Le 6 mai 1928, M. Mussolini s'exprimait ainsi au Congrès national des syndicats fascistes (6 000 délégués représentant trois millions de travailleurs) :

« Nous sommes encore dans une phase syndicale, et cela pour trois raisons : 1° parce que la crise européenne n'est pas résolue et que nombreuses et graves sont encore les inconnues; 2° les organisations syndicales doivent être perfectionnées dans leur composition, dans leurs dirigeants et dans leur constitution organique; 3° il faut améliorer qualitativement les masses.

« C'est alors seulement qu'on pourra passer à la phase corporative et que l'économie corporative remplacera l'économie capitaliste du siècle dernier. » ([6])

---

[5] *Ibid.*, 291.
[6] *Ibid.*, 293.

La Réforme parlementaire du 21 janvier 1929

La nouvelle loi de représentation politique, votée à la Chambre des députés le 20 février 1928 par 216 voix contre 15, a été sanctionnée par le Sénat le 17 mai suivant par 161 voix contre 45. Il s'en est suivi que la Chambre a été dissoute le 21 janvier 1929 et qu'à la fin du mois de mars dernier a eu lieu un plébiscite national destiné à pourvoir au remplacement des anciens députés.

Les nouveaux députés sont au nombre de 400; leur « élection » passe par trois phases ([7]) :

Première phase : Proposition de 900 candidats. Treize confédérations nationales ainsi que certaines associations y contribuent, chacune pour sa part et proportionnellement à son importance relative présumée. Exemple : la Confédération nationale des intellectuels, des artistes et des personnes exerçant une profession libérale propose 20 p. 100 des 800 candidats confédérés à élire. Chaque confédération en fait autant suivant son pourcentage prescrit par la loi.

Deuxième phase : Sur la liste alphabétique des 900 candidats présentés, et (art. 5) « même en dehors de cette liste quand cela est nécessaire », le Grand Conseil fasciste choisit 400 noms constituant la liste nationale unique.

Troisième phase : La liste de ces 400 noms est présentée au peuple pour les élections plébiscitaires avec cette question (art. 6) : « Approuvez-vous la liste des députés désignés par le Grand Conseil national du Fascisme ? » Le vote de chacun ne peut s'exprimer que par un « oui » ou par un « non ».

La liste nationale est validée par la majorité absolue des voix exprimées, faute de quoi elle subirait un échec et devrait être remplacée aux secondes élections par des listes présentées par les *groupes producteurs* régulièrement reconnus et comptant au moins 5 000 membres. C'est le principe de la représentation proportionnelle qui jouerait alors pour la répartition des sièges. La cour d'appel de Rome serait juge souveraine, sans intervention du Grand Conseil fasciste, de la régularité de ces secondes élections.

---

[7] *Ibid.*, 301-303, 319, 322 (tableau des pourcentages attribués aux treize confédérations nationales).

Nulle part il n'est question d'un parti politique quelconque, le seul parti est national, il est fasciste.

Aux dernières nouvelles, c'est-à-dire aux premiers jours de ce mois d'octobre 1929, le bulletin officiel du parti fasciste annonce qu'un projet de réforme du Grand Conseil sera examiné au prochain Conseil des ministres. D'après ce projet, le Grand Conseil comprendrait trois catégories de membres :

1° Les membres du quadriumvirat de la Marche sur Rome;

2° Les principaux ministres, les secrétaires et vice-secrétaires du parti fasciste, les présidents de la Chambre, du Sénat, de l'Académie d'Italie, des confédérations patronales et ouvrières, industrielles et agricoles;

3° Certains membres du gouvernement, les anciens secrétaires du parti fasciste depuis 1922 et certaines personnalités.

Le Grand Conseil se composerait d'une vingtaine de membres.

* *

CHAPITRE III

En ESPAGNE

La dictature du marquis d'Estella, général Primo de Rivera y Orbaneja, date du coup d'État militaire du 13 septembre 1923.

La nouvelle Constitution espagnole a été promulguée au mois de juin 1928; elle donne au pays une allure d'État corporatif et sur quelques points, ressemble comme une sœur au système politique italien.

Signalons cependant tout de suite les différences :

1° L'ancien Sénat italien bien que dominé par le Grand Conseil fasciste est conservé — le Sénat espagnol a été supprimé avec la vieille Constitution de 1876 et remplacé par un Conseil de la Couronne dont les membres sont, partie nommés par les confédérations, partie nommés par le roi.

2° Le système italien n'est pas strictement corporatif, mais syndical : patrons et ouvriers y sont distinctement représentés — la cellule organique du système représentatif espagnol est la corporation au sein de laquelle fusionnent employeurs et ouvriers qui, par cela même, ont une commune représentation.

Créé par un décret du 11 mars 1924, un *Conseil de l'économie nationale* a précédé la réforme constitutionnelle qui, en vérité, est un chambardement des anciennes institutions politiques. 82 membres composaient ce Conseil; les chambres de commerce et d'agriculture, les fédérations et les syndicats indépendants, les conseils provinciaux, les chambres officielles des mines, la fédération textile catalane, les associations agricoles de producteurs et d'exportateurs participaient chacun pour sa quote-part à l'élection de ces 82 délégués, présidés par le général Primo de Rivera ou, en son absence, par le ministre des Affaires étrangères; un vice-président et un secrétaire général assuraient en outre la direction de cet organisme. L'Assemblée générale devait avoir lieu trois fois par an; des assemblées extraordinaires étaient prévues à la volonté du président ou de la Commission permanente. Les autres organes essentiels du Conseil se composaient de la Commission permanente et de six sections.

La Commission permanente constituait, comme son titre l'indique, la représentation permanente du Conseil, s'occupait de questions ne relevant de l'activité d'aucune section particulière et désignait les membres des cinq premières sections.

Les sections se répartissaient l'étude des questions douanières, de valorisation, de statistiques, d'information commerciale, de développement de la production, des traités de commerce.

Ce Conseil fit preuve dès sa fondation d'une activité remarquable, élabora des traités de commerce, prépara des tarifs douaniers, des projets de loi, des décrets et par cela même ouvrit la voie à une réforme de plus grande envergure, celle qui devait être sociale et politique. Comme à Mussolini, en effet, la nécessité apparut au général Primo de Rivera de procéder à une réforme sociale avant de soumettre son peuple à une nouvelle discipline politique.

Les décrets-lois du 26 novembre 1926 pour l'industrie, et du 20 mai 1928 pour l'agriculture, sont pour l'Espagne ce que la Charte du travail est pour l'Italie ([1]).

Tout Espagnol relève désormais du syndicat local de sa spécialité professionnelle, mais reste malgré tout libre d'adhérer soit à un syndicat catholique (surtout agricole) soit à l'un de ceux qui constituent l'Union générale du travail affiliée au parti socialiste.

À ce plan d'organisation syndicale se superpose une organisation corporative : syndicats patronaux et ouvriers

---

[1] Bottai, Ordinamento corporativo, 166.

appartenant à la même catégorie professionnelle sont présumés avoir des intérêts communs dont la représentation est assurée par des délégués communs au sein d'un même nouvel organisme créé de toutes pièces, le Comité paritaire.

Prenons un exemple : l'organisation agraire comprend dans chaque localité trois corporations distinctes, celle du travail (journaliers et patrons), celle de la propriété (fermiers et propriétaires), celle des industries agricoles (patrons et ouvriers).

Chacune de ces corporations possède son comité paritaire comprenant 5 représentants patronaux et 5 représentants ouvriers, dont le président et le vice-président sont nommés par le ministre du Travail et doivent être étrangers à la spécialité professionnelle dont il s'agit. Les membres de ce comité sont élus au suffrage majoritaire, mais une représentation des minorités a été prévue; ils constituent avec ceux des comités voisins le collège électoral d'où émanent les délégués des commissions arbitrales provinciales.

L'ensemble des délégués provinciaux concourt à son tour à l'élection des membres du Conseil corporatif national siégeant à Madrid.

L'agriculture possède donc trois conseils nationaux à Madrid correspondant à ses trois branches corporatives, mais de ces trois conseils émane une seule et même délégation agraire placée sous la tutelle du Ministère du Travail.

Cette organisation suggère quelques réflexions. Elle constitue un système hiérarchique à trois degrés à la faveur duquel le législateur a sans doute voulu opérer un filtrage des aspirations et intérêts particuliers des groupes locaux constituant la base de l'édifice pyramidal, et ceci est bien pour donner au système quelque ressemblance avec celui actuellement pratiqué en Russie. Partout, en effet, la recherche de l'intérêt général exige le nivellement des aspirations égoïstes des groupes composants et cette nécessité a si peu échappé au dictateur espagnol qu'il est allé jusqu'à prévoir la dissolution pure et simple du comité paritaire local qui se permettrait d'être en état de rébellion contre les autorités.

Voici pour la réforme sociale; examinons maintenant la réforme politique et plus particulièrement parlementaire.

Les anciennes Chambres ont été supprimées et remplacées par une seule nouvelle assemblée dite « Assemblée nationale ». Mais qu'on ne s'y trompe pas, cette Assemblée nationale, réunie pour la première fois par décret du 13 septembre 1926, n'est pas une réincarnation du Parlement confisqué, elle n'est pas une assemblée législative au sens français du mot, mais une représentation des intérêts à vocation consultative; défense est faite à ses membres de constituer des partis politiques. Elle se compose de 400 membres. Sont membres de droit certains hauts fonctionnaires et dignitaires ecclésiastiques ainsi que certains hauts personnages choisis par le gouvernement. Sont membres élus ceux qui émanent des municipalités, des assemblées provinciales, des unions patriotiques ou corporatives.

L'Assemblée nationale est divisée en dix-huit sections et les programmes de travaux de chacune d'elles leur ont été dictés par les autorités elles-mêmes. C'est la première section qui a élaboré la nouvelle charte constitutionnelle promulguée en juin 1928; ses pouvoirs n'étaient du reste que consultatifs. Et tout ceci prouve bien que cette assemblée dite nationale est avant tout un organisme d'État au service de la dictature. Le général Primo de Rivera déclarait en janvier 1926 :

> « Pour l'heure actuelle, il n'y aura pas de Parlement; le peuple n'en veut pas et le Parlement n'est pas nécessaire. Ce que le peuple veut, c'est un bon gouvernement qui lui donne des canaux, des chemins de fer et des écoles. » [2]

« En fait, la situation qui règne au-delà des Pyrénées est loin d'avoir atteint son profil d'équilibre. [3] » Et il semble bien que l'Espagne en soit encore à rechercher par tâtonnements la forme définitive de sa nouvelle Constitution. Le 18 juillet 1928, lors de l'inauguration à Canfranc du transpyrénéen, le général Primo de Rivera s'exprimait ainsi en présence de M. Doumergue :

---

[2] *El Sol*, 30 janv. 1926.
[3] Villat, « L'Espagne », 95.

« L'Espagne, après avoir momentanément suspendu les principes constitutionnels et parlementaires, s'applique à rechercher les moyens de les rétablir en en supprimant les erreurs et les défauts. » Ces paroles laissent deviner quelques flottements dans la détermination.

Telle qu'elle est, la réforme déjà accomplie, malgré ses imperfections et peut-être ses lacunes, a cependant provoqué chez nos voisins un sursaut de brillante activité nationale, et le voyageur qui séjourne actuellement dans la péninsule ibérique est agréablement surpris d'entendre parler de tous côtés de grands travaux publics en cours d'aménagement, mais il lui est encore permis de penser que l'Espagne doit sa résurrection bien plus à la fièvre patriotique et la haute personnalité du marquis d'Estella qu'à la vertu des récentes réformes [4].

*

Citons, avant de pousser plus avant et en manière de conclusion aux deux précédents exposés relatifs aux réformes italiennes et espagnoles, ces quelques mots du comte de Fels, sur lesquels il est peut-être bon de méditer :

> « Et combien se laissent-ils piper aux apparences, les Français qui taxent de réaction M. Mussolini et le général Primo de Rivera ! Ces deux hommes d'État n'ont fait que devancer la France dans la voie où celle-ci est beaucoup plus engagée qu'elle ne le suppose. L'Italie et l'Espagne, en dépit des différences de passé, de longitudes, de climats, de tempéraments et d'aspirations, appliquent le programme socialiste et syndicaliste. » [5]

* *

---

[4] « [U]n homme profondément désintéressé, exempt de toute ambition personnelle, mû exclusivement par le sentiment patriotique. Il s'est, à la lettre, porté au secours de son pays, quand lui est apparue l'impuissance du régime parlementaire à maîtriser [sic] une situation tragique. [...] Tout s'en allait. [...] Depuis la mort de Philippe II, on n'avait pas vu, dans l'histoire de l'Espagne, un ministre dictateur, n'ayant d'autre mobile que le bien de la patrie espagnole. » (Fels, « La crise du parlementarisme », 730, 732.)

[5] *Ibidem*, 744.

CHAPITRE IV

En RUSSIE des SOVIETS

Il n'est pas certain que l'on puisse dire que l'Union des républiques socialistes soviétiques (U.R.S.S.) est le pays où fleurit par excellence le système politique de la représentation des intérêts au sens où le comprennent les pays occidentaux. Il serait plus exact de dire que la Russie des soviets est le pays où se manifeste intégralement la dictature d'un parti ou d'une classe, celle des travailleurs. Ce parti exerce cette dictature sur toutes les autres classes sociales et s'est emparé du pouvoir politique qu'il entend conserver jalousement.

Serions-nous encore plus près de la réalité en parlant de dictature personnelle actuellement exercée par Staline ?

Un exemple rapide suffira à montrer l'antinomie flagrante existant entre les deux conceptions étatistes moscoutaire et occidentale.

Prenons l'exemple italien. L'Italie, qui est pourtant loin d'être un pays représentatif des tendances politiques modérées européennes, s'est soumise à un système de gouvernement beaucoup plus conforme à nos mœurs démocratiques qu'aux pratiques moscoutaires; la dictature du Duce, à laquelle on a pu parfois comparer à la faveur de certaines apparences celle du Conseil des commissaires du peuple, n'en diffère pas moins profondément. « Notre parti, a écrit M. Mussolini, n'est le protecteur d'aucune classe, mais le régulateur des relations entre toutes les classes de l'État. (¹) » Alors que le fascisme respecte la valeur sociale de la bourgeoisie « productrice et intelligente qui crée et dirige les industries », la fusionne et l'intègre dans un système corporatif, et reconnait la fonction sociale du capital et du capitalisme, la dictature soviétique a purement et simplement supprimé la bourgeoisie, dénie pratiquement toute valeur sociale à l'épargne et au capital, fonctionnarise toutes les activités intellectuelles.

Dictature donc de part et d'autre, mais à Moscou, dictature intransigeante d'une classe, à Rome, dictature nationale d'un parti compréhensif de toutes les catégories d'intérêts.

Examinons cependant le régime et le fonctionnement constitutionnel soviétique; cette étude ne paraît, malgré tout, pas être ici déplacée.

L'U.R.S.S. est un agrégat de plusieurs républiques soviétiques, Ukraine, Russie blanche, Fédération des États transcaucasiens, Turkménistan, etc. Tous ces pays ont adopté la Constitution de la République russe élaborée en 1918 par le Vᵉ Congrès panrusse des soviets (modifiée en 1925, un an après la mise sur pied de la Constitution soviétique).

Chaque république est une confédération de communes à la tête de chacune desquelles a été institué un conseil communal (ou *soviet de volost*) dont les membres sont élus par les soldats et les populations paysannes et ouvrières, c'est-à-dire que chaque catégorie de travailleurs choisit dans son sein un ou plusieurs délégués chargés de représenter ses intérêts. Ces délégués communaux constituent eux-mêmes un collège électoral d'où sont tirés les membres du conseil de district (ou *soviet d'ouyezd*). Ces derniers membres désignent à leur tour par leur vote les délégués appelés à siéger au conseil supérieur suivant. De proche en proche et de degré en degré, on aboutit ainsi au Soviet panrusse, ou Comité central exécutif panrusse (V.Ts.I.K.), en qui s'investit la souveraineté, à qui appartient tout le pouvoir politique.

---

¹ *Saturday Evening Post*, nov. 1928.

En fait, dans l'intervalle de ses sessions, le Soviet panrusse délègue ses pouvoirs au Comité central exécutif (Ts.I.K.) qui compte 21 membres. Mais l'exercice même du pouvoir exécutif est confié à 11 *commissaires du peuple* (art. 37 de la Constitution), plus un président et un substitut, nommés par le Comité central exécutif. Ces commissaires sont dépositaires de tous les pouvoirs, y compris le pouvoir constituant : c'est le Conseil des commissaires du peuple qui gouverne l'Union. Il est en quelque sorte comparable à un conseil des ministres aux pouvoirs élargis à cela près que le président et le substitut seraient des ministres sans portefeuille.

C'est donc pratiquement entre une dizaine de commissariats que se répartissent les différentes activités gouvernementales (agriculture, économie, travail, commerce, etc.) : d'une part les affaires communes, et d'autre part les affaires fédératives parce que leurs activités sont d'ordre intérieur et aussi parce qu'à la tête de chacune des républiques fédérées on retrouve des commissariats correspondants.

Ces soviets locaux, ces commissariats de républiques fédérées, aussi bien que le Conseil des commissaires du peuple, possèdent tous les attributs des assemblées politiques hiérarchisées. Comme ils sont en même temps représentatifs des intérêts et non des opinions, on serait en droit de penser que leur mode d'élection leur confère tout au moins la compétence technique et économique nécessaire et suffisante. Ils n'ont cependant pas bénéficié d'une pareille appréciation et on a jugé bon, ce qui paraît être un paradoxe, d'épauler ces assemblées de professionnels mués en hommes politiques de conseils économiques eux-mêmes hiérarchisés.

Le *Conseil supérieur de l'économie nationale* est en effet lui-même fédératif, c'est-à-dire qu'il a sous son contrôle autant de conseils d'intérêts professionnels ou économiques qu'il y a de républiques fédérées.

Le Conseil supérieur se compose de délégués des commissariats, de ceux du « Contrôle ouvrier » créé en 1917 et de ceux du Congrès des commissions agricoles; ces dernières comprennent elles-mêmes des représentants des unions professionnelles et des conseils ouvriers. Son organisation est la suivante (²) :

a) Une direction économique (questions de politique industrielle et de budget industriel de l'Union — direction des mines, programmes de travaux, contrôle des conseils supérieurs des Républiques);

b) Une direction centrale des industries d'État (chimique, alimentaire, textile, minière, forestière, etc.);

c) Une section technique scientifique (contrôle des établissements scientifiques de l'État).

C'est au Conseil supérieur de l'économie nationale qu'incombe la tâche de réglementer la production, la répartition et les échanges en Russie. (³)

L'industrie est organisée par trusts (⁴) qui, suivant leur importance, dépendent soit d'un conseil régional soit du Conseil supérieur de l'économie nationale. Ce dernier contrôle ainsi l'activité de soixante-dix des plus importants qui à eux seuls équivalent aux trois quarts de la production (métallurgie, houille, textile, naphte).

Le trust n'a ainsi presque pas d'autonomie. Il est régi par le conseil économique dont il dépend et dont il attend toute autorisation utile; il lui soumet son bilan, son programme de travaux, ses possibilités de répartition des bénéfices, ses projets d'extension et de modification des statuts, etc.

Cette organisation originale s'adapte peut-être assez bien à l'état social actuel russe, mais nous ne pensons pas que l'on puisse utilement rechercher ses possibilités d'adaptation même partielle à nos institutions politiques occidentales.

* *

---

² *Vie économique*, juin et déc. 1926.

³ Dendias, *Problème de la Chambre haute.*

⁴ Le trust russe est un groupement d'entreprises pouvant être considérées comme constituant un ensemble soit dans un cadre territorial soit dans une catégorie professionnelle; il n'y a pas de règle absolue; le trust est tantôt la conséquence d'une concentration horizontale, tantôt la conséquence d'une concentration verticale.

CHAPITRE V

En POLOGNE et dans QUELQUES AUTRES PAYS

En Pologne

L'article 68 de la Constitution polonaise prévoit la création d'une Chambre économique suprême de la République au sein de laquelle devront se retrouver des représentants des chambres d'agriculture, de commerce, d'industrie, d'artisans, du travail salarié.

La Constitution polonaise ne va pas au-delà, elle se borne à stipuler qu'une loi ultérieure fixera les détails d'organisation de ce conseil économique et précisera ses attributions dans le domaine de l'activité législative. Mais cette loi n'est pas encore intervenue, et le maréchal Piłsudski n'a pas jusqu'à ce jour fait connaître ses véritables intentions sur ce chapitre.

Un avant-projet gouvernemental élaboré dans les premiers mois de 1925 en collaboration avec les principaux groupements professionnels a été cependant déposé sur le bureau de la Diète. Cette proposition est un schéma d'organisation éventuelle d'un conseil économique provisoire; celui-ci comprendrait 110 membres (100 délégués des associations économiques à désigner par le Conseil des ministres, 10 délégués nommés directement par ce dernier); élus pour deux ans, leur fonction serait honorifique; ils auraient pour président de droit le ministre des Finances, tiendraient quatre sessions par an et des sessions extraordinaires; si besoin était à la demande d'un tiers d'entre eux, ils nommeraient une commission centrale permanente de quinze membres.

Les décisions seraient prises à la simple majorité des voix, mais chaque fois qu'il se trouverait une minorité égale ou supérieure au cinquième des voix, son opinion serait d'office communiquée au gouvernement. Quant aux attributions du Conseil, à sa compétence obligatoire, il fallait s'attendre à voir en cela les Polonais suivre le prudent exemple des civilisations occidentales; ils n'ont évidemment jamais prévu la constitution d'un parlement professionnel; le rôle du Conseil serait purement consultatif; dans le délai d'un mois, il serait tenu de donner son avis, de procéder aux enquêtes nécessaires. Une innovation intéressante serait, comme le stipule l'avant-projet, d'attacher à ce conseil économique un rôle obligatoire de collaboration avec le gouvernement pour la préparation des projets de loi et des traités de commerce.

Donc, jusqu'à ce jour, en Pologne, pas de conseil économique, ni de quelque envergure, ni provisoirement.

Mais le maréchal Piłsudski a cependant voulu créer d'ores et déjà une sorte de Conseil d'État réunissant à périodes fixes les ministres qui dirigent les départements économiques; cette sorte de conférence périodique interministérielle a été créée le 29 octobre 1926; depuis le 1er novembre elle fonctionne très régulièrement ([1]). Le but recherché est l'examen « d'une façon approfondie des questions économiques avant que celles-ci soient présentées au Conseil des ministres ».

Voici, au surplus, quels sont les statuts de cet organisme ([2]) :

---

[1] Othon Weclawowicz, conseiller commercial de l'ambassade de Pologne à Paris.

[2] *Bulletin quotidien* n° 12-10-1926; note n° 230, adressée par notre attaché commercial en Pologne à l'Office national du commerce extérieur.

§ 1. — Le Comité économique des ministres doit être présidé par le président du Conseil des ministres ou par un ministre délégué par le président du Conseil. Il a pour membres les ministres suivants : le ministre des Finances, le ministre de l'Agriculture, le ministre du Commerce et de l'Industrie, le ministre du Travail, le ministre de la Réforme agraire et le ministre des Communications. Les autres ministres prennent part aux conférences au cas où l'affaire examinée est de leur compétence. Chaque ministre peut être remplacé par un délégué qui aura droit de vote. Les tierces personnes et les employés peuvent être convoqués aux conférences spéciales, sans droit de vote.

§ 2. — La compétence du Comité s'étend à l'examen : 1° des programmes et des principes de la politique économique, spécialement concernant les douanes, les tarifs, la politique sociale et agraire; 2° des propositions législatives économiques; 3° des affaires exigeant la décision du Conseil des ministres; 4° des décisions interministérielles.

§ 3. — L'administration du Comité économique des ministres échoit au secrétaire général, qui doit être membre du cabinet du président du Conseil.

§ 4. — Chaque ministre a le droit de s'opposer à une résolution du Comité économique des ministres. Sa décision doit donc être soumise au Conseil des ministres dans un délai de deux semaines.

§ 5. — Le président ou les ministres proposent les affaires à examiner. Les ministres doivent présenter les comptes rendus des travaux de leurs départements.

§ 6. — Les convocations doivent être envoyées trois jours avant la réunion du Conseil.

§ 7. — Le vote se fait si la majorité des membres permanents ou de leurs remplaçants est présente à la réunion.

§ 8. — Un protocole de chaque conférence doit être rédigé.

§ 9. — Le secret professionnel est obligatoire et la publication des affaires examinées ne peut se faire qu'avec le consentement du président.

§ 10. — Les décisions du Comité économique des ministres doivent être confirmées par le Conseil des ministres, ou publiées comme arrêtés du ministre, ou exécuté par les autorités législatives.

§ 11. — Le règlement présent entre en vigueur à partir du 1er novembre 1926 du moment de la publication dans le *Moniteur polonais*; en même temps, le règlement précédent du 21 février 1923 (*Moniteur polonais* du 28 février 1923, n° 43, rubrique 26) ne sera plus en vigueur.

Signé : MARÉCHAL PIŁSUDSKI,
Président du Conseil des ministres.

En Tchécoslovaquie

La loi du 5 novembre 1919 a organisé en Tchécoslovaquie une sorte de commission permanente d'experts inaugurée le 16 décembre 1922. Elle se compose de 150 membres, dont 60 délégués patronaux, 60 délégués ouvriers ou employés et 30 économistes, tous nommés par le gouvernement et présidés par M. F. Kovarik, ancien ministre des Travaux publics.

Les attributions de cette commission sont strictement consultatives, elle donne ses avis sur requête ou de son propre mouvement. Quand le gouvernement le juge à propos, elle subit la présence d'un délégué du ministère intéressé et délègue elle-même dans les commissions parlementaires, à la demande des assemblées, des experts pris dans son sein.

L'activité de cette commission d'experts gouvernementaux n'est pas extraordinaire, mais cela tient essentiellement, croyons-nous, au procédé de désignation de ses membres et au parti pris des assemblées parlementaires de très peu collaborer avec elle.

En Yougoslavie

L'article 44 de la Constitution yougoslave, abolie le 6 janvier 1929 par le roi Alexandre, était ainsi conçu :

« Un Conseil économique est institué pour l'élaboration d'une législation sociale et économique. La loi déterminera les prescriptions détaillées relatives à la composition et à la compétence de ce Conseil. » [3]

Cet article 44 est resté sans application pratique, mais un règlement en date du 29 avril 1920 avait constitué près le ministre du Commerce et de l'Industrie une assemblée consultative gouvernementale dont l'activité était subordonnée aux requêtes que lui présentaient les pouvoirs publics. Ce Conseil était composé de 44 membres nommés par le ministre qui les présidait et les convoquait au moins tous les six mois.

---

[3] Voir Moyitch, *Parlement économique*, 105 et suiv.

En Turquie

L'article 51 de la Constitution turque ne prévoit pas à proprement parler l'organisation d'un conseil économique, mais la constitution d'une sorte de Conseil d'État à attributions élargies, simple donneur d'avis, et dont les membres seraient nommés par l'Assemblée législative; c'est ce qui ferait son originalité.

Dans les Pays anglo-saxons

Les pays anglo-saxons ne paraissent pas enclins à adopter de mode de représentation professionnelle.

En Angleterre

Il n'existe en Angleterre aucun conseil économique permanent près le Parlement. Seul, le congrès annuel des syndicats par sa périodicité fait figure d'organisme économique et professionnel. Les hommes d'État anglais préfèrent, quand ils le jugent indispensable, avoir recours à des commissions spéciales d'experts dont ils attendent des conseils et dont très fréquemment ils adoptent les avis. En guise d'exemples, on peut citer : la commission Geddes (1918, problème financier), les travaux de la Joint Industrial Conference (1919, durée de la journée de travail), adoptés par le Ministère du Travail, et enfin la commission Samuel (mars 1926, crise minière).

Aux États-Unis

Le mouvement en faveur de la représentation politique des intérêts professionnels est à peine sensible aux États-Unis. Seul M. W. S. Carpenter, auteur du livre *Democracy and Representation*, envisage une suppression du Sénat actuel et son remplacement par une assemblée représentative des intérêts économiques et sociaux (⁴).

*

*   *

---

⁴ Également : Barnes, *Sociology and Political Theory*, 107; Beard, *Economic Basis*, 46; Overstreet, Government of Tomorrow.

PARTIE III

Propositions de représentation des intérêts professionnels

Ainsi, l'évolution économique et sociale à la faveur du bouleversement d'après-guerre fit apparaître en Europe divers nouveaux systèmes de représentation des intérêts concrétisés par la création de conseils ou assemblées diversement constitués, organisés. Ces conseils ou assemblées nouvellement créés ne semblent pas avoir encore trouvé leurs formes et leurs attributions définitives puisque sans cesse, en France comme à l'étranger, ils essuient le feu de critiques sévères et de temps à autres sont remaniés, réorganisés sur de nouveaux plans. Les systèmes varient, les conceptions diffèrent avec les préférences de chacun; chaque clan, chaque parti politique a sa formule et sa méthode, mais l'idée maîtresse demeure, la base est posée, la représentation professionnelle a presque partout droit de cité.

Sous quelle forme définitive s'installera-t-elle dans nos mœurs ? Quel avenir nous réserve-t-elle ? Pour apprécier ses chances diverses ou condamner sans sursis ses prétentions illégitimes, il nous paraît utile et nécessaire d'exposer quelques-uns des principaux systèmes essayés ou proposés en France.

CHAPITRE PREMIER

FORMULES comportant la SUPPRESSION de la REPRÉSENTATION POLITIQUE

Les plus catégoriques, les plus complètes de ces formules sont celles qui nous viennent du syndicalisme ouvrier et qui comportent la suppression radicale de la représentation politique nationale et l'octroi aux représentants des professions d'un pouvoir de décision et non plus seulement d'un rôle consultatif. C'est le but de la C.G.T., comme celui de la C.G.T.U.

Le Conseil économique du travail était, dans l'esprit de ses créateurs, une atteinte à la sûreté intérieure de l'État; il visait la conquête de toutes les fonctions gouvernementales.

M. G. Clémenceau, qui en repoussa le projet lorsqu'il lui fut proposé, pourrait s'écrier, comme en 1892 à la tribune de la Chambre : « Il faut avoir le courage de le dire, et dans la forme même, adoptée par les promoteurs du mouvement : c'est le Quatrième État qui se lève et qui arrive à la conquête du pouvoir. »

Le Syndicalisme révolutionnaire et M. Leroy

Un promoteur de marque du mouvement syndicaliste révolutionnaire fut M. Léon Jouhaux, secrétaire général de la C.G.T., qui fit approuver par le Congrès confédéral de Lyon (15-21 septembre 1919) son projet de constitution d'un Conseil économique du travail (^{1}). À la tête de ce Conseil, il plaça un comité directeur de treize membres; lui-même, Charles Laurent, Ernest Poisson, Roger Francq en faisaient partie.

Les neuf sections d'études groupant chacune trois délégués des organisations membres du conseil étaient appelées à réunir des chefs d'industrie, des délégués ouvriers, des conseils techniques, des économistes, des consommateurs, des délégués du gouvernement. Les secrétaires réunis des neuf sections d'études constituaient le Comité de répartition du travail. Son but : « la nationalisation industrialisée sous le contrôle des producteurs et des consommateurs, des grands services de l'économie moderne : les transports terrestres et maritimes, les mines, la houille blanche, les grandes organisations de crédit », en d'autres termes : préparer la nationalisation des moyens de production.

Mais, qu'entendaient-ils, au juste, les syndicats confédérés à Lyon en parlant de « nationalisation industrialisée » ? Voici leur réponse :

> « L'exploitation directe par la collectivité des richesses collectives, [m]ais nous ne songerons pas à augmenter les attributions de l'État, à les renforcer, ni surtout à recourir au système qui soumettrait les industries essentielles au fonctionnarisme avec son irresponsabilité et ses tares constitutives […]. Par la nationalisation, nous entendons confier la propriété nationale aux intéressés eux-mêmes : producteurs et consommateurs associés ».

Le 8 janvier 1920, le Conseil se mettait au travail, ses sections se bornèrent à élaborer des projets divers, parfois sérieusement étudiés, sur l'outillage national, les finances publiques, la crise du logement, l'école unique, la nationalisation des moyens de production. Cette première tentative de Conseil économique du travail n'en fut pas moins en définitive vouée à un échec.

Le congrès de la C.G.T. de février 1923 devait se borner à exprimer le vœu de sa remise en mouvement. Maxime Leroy voyait ainsi tomber ses illusions et Paul-Boncour ses espérances.

---

^{1} « Un millier et demi de délégués y représentaient 44 fédérations nationales, 68 unions départementales et 2 025 syndicats. » (Jouhaux, *Syndicalisme*, 230.)

Cette belle institution, « directement opposée aux pratiques du vieux blanquisme, aux techniques dictatoriales de la Révolution, aux survivances anarchistes dans le monde démocratique issu de 1789 », faisait long feu ([2]). C'était l'application de la peine capitale que réserve l'ordre logique des choses aux improvisations hâtives ou aux institutions hasardeuses trop tôt apparues dans un milieu insuffisamment préparé à les recevoir.

Donner en effet pour but au Conseil économique du travail la nationalisation de tous les moyens de production et pour mission secrète la conquête de toutes les fonctions gouvernementales, c'était, entre autres suppositions purement gratuites, poser le postulat du caractère intégral et obligatoire du mouvement associatif, du fédéralisme. Or, l'inscription au syndicat n'est pas encore obligatoire et le fédéralisme économique est par ce fait même loin d'être absolu.

La C.G.T. finit par le comprendre. En attendant l'apparition des conseils économiques régionaux dont elle souhaite si ardemment la création, en mars 1924 elle élabore un nouveau programme minimum réclamant bien encore la création d'un Conseil économique du travail, mais donnant à ce cadet une tout autre physionomie; il ne s'agissait plus d'absorber les fonctions gouvernementales, pas même de constituer en marge du Parlement une sorte de Chambre économique. Le Conseil économique du travail ne devait être doté d'aucun pouvoir législatif; simple organe d'étude et de préparation, il procéderait à des enquêtes, serait obligatoirement consulté par le gouvernement sur les difficultés relatives à l'ordre économique, à la production, donnerait des avis. Ses études seraient publiées. En un mot, son rôle serait purement consultatif, cette consultation serait parfois obligatoire, mais en aucun cas, ses avis ne lieraient le gouvernement. Dans ce cadre réduit, on peut cependant dire que la C.G.T. est parvenue à réaliser ses desseins.

* *

---

[2] Leroy, *Techniques*, 107.

CHAPITRE II

FORMULES comportant la COMBINAISON de la REPRÉSENTATION PROFESSIONNELLE avec la REPRÉSENTATION POLITIQUE

Sans entreprendre, comme le syndicalisme révolutionnaire se le proposait, la suppression radicale de la représentation politique, d'autres personnalités, des hommes politiques, des professeurs, des philosophes, proposent de donner à la représentation nationale un double caractère, politique et professionnel.

Les Systèmes de MM. Sangnier, Duguit, Duthoit et Benoist

C'est Marc Sangnier qui, le 21 mai 1920 à la Chambre, lors de la discussion des interpellations provoquées par la menace de grève générale, s'écrie : « À la place de notre sénat politique je demande un sénat professionnel. » Son discours fut ce jour-là écouté sans interruption (¹). Il tendait à la création d'une Chambre haute

---

¹ Chambre des députés, séance du 21 mai 1920, discussion de la menace de grève générale et du projet de dissolution de la C.G.T., M. Marc Sangnier : « Ce que réclament [...] un grand nombre de travailleurs [...], c'est que le prolétariat organisé, ou plutôt, [...] la profession organisée, aussi bien les professions manuelles que les professions intellectuelles, aussi bien le travailleur de la main que celui du cerveau, c'est que toutes ces forces soient considérées non comme des forces que l'on consulte seulement de temps en temps et dont on peut ne pas respecter les avis, mais comme faisant intégralement partie de la puissance nationale, si bien qu'à côté de la représentation politique que nous sommes ici, il

professionnelle essentiellement composée des représentants patronaux et ouvriers choisis au prorata du nombre des membres inscrits dans les syndicats cégétistes ou non.

Nos assemblées nationales furent dans le passé témoins d'interventions analogues; Sieyès à la Convention lors de l'élaboration de la Constitution de l'an III (²), l'abbé Lemire à la Chambre en 1891 et 1909 (³), exprimèrent le même état d'esprit. L'Acte additionnel de 1815, ne stipulait-il pas lui-même (art. 33, § 1) que « [l]'industrie et la propriété manufacturière et commerciale [auraient] une représentation spéciales », paragraphe, selon M. Duguit, inspiré par Benjamin Constant ?

À ce système de remplacement du Sénat actuel par une assemblée professionnelle se rallient des esprits éminents, MM. Duguit et Duthoit. Quant à M. Charles Benoist, il était de cet avis en 1897 et jusqu'à ces derniers temps.

---

y ait une représentation, celle des intérêts économiques du pays. [...] Représentation authentique aussi bien que l'autre. La dualité des Assemblées existe déjà. À la place de notre sénat politique, je demande un sénat professionnel. [...] Je crois qu'après la guerre mondiale, une guerre qui a été le point de départ de révolutions dans toutes les nations du monde, nous serions bien imprévoyants et nous aurions une vue étrangement courte si nous refusions de transformer quoi que ce soit de notre vieille Constitution monarchique de 1875. [...] Je demande donc qu'on s'oriente dans ce sens; je demande qu'il y ait une double représentation : représentation politique, représentation des intérêts économiques, de tous les intérêts, aussi bien de ceux des patrons que de ceux des ouvriers. » (*J.O.*, 22 mai 1920, p. 1605.)

² *Art. cit.*

³ Chambre des députés, séance du 21 octobre 1909, discussion de la représentation proportionnelle, M. Lemire : « [J]e trouve singulier que nous allions, à l'heure actuelle, instituer le scrutin de parti, alors que, de l'aveu unanime de ceux qui observent ce qui se passe en France, les partis sont remplacés par les syndicats. Nous recevons chaque jour des visites, non pas de comités politiques, mais de groupements professionnels qui viennent nous dire : « Défendez nos intérêts ! » Et ils ne distinguent pas entre les opinions politiques de leurs représentants à la Chambre. [...] À l'heure qu'il est[,] les partis politiques sont disloqués et plus ou moins supplantés par une autre organisation [...] : l'organisation syndicale. Comment ? c'est au moment où cette organisation syndicale s'élabore à travers tout le pays, c'est à l'heure où elle devient la caractéristique du monde du travail économique, que vous allez lui répondre, vous parlementaires, par l'organisation de partis politiques ? » (*J.O.*, 22 oct. 1909, p. 2282.)

M. Duguit, dès 1908, dans son livre *Droit social et droit individuel*, avait pris nettement position :

> « Une chambre composée des élus des groupes syndicaux peut seule constituer un contrepoids à la puissance d'une chambre représentant les individus [...]. » [4]

Et il soutient aujourd'hui [5] :

1° Que cette représentation professionnelle doit être politique;

2° Qu'elle doit être organisée pour la nomination de l'une des Chambres;

3° Qu'elle n'est pas en contradiction avec la doctrine française de la représentation politique et de la souveraineté nationale.

Et ailleurs :

> « [T]outes les classes tendent à s'organiser en corporations, en syndicats; la nation tend à n'être plus un groupement d'individus pour devenir une fédération de syndicats professionnels coordonnés. Il faut donc organiser, non pas la représentation des partis, mais seulement la représentation des professions, ou plus exactement la représentation des syndicats. » [6]

M. Benoist, dès 1905, était dans le même état d'esprit :

> « Il faut organiser la représentation de manière qu'elle renferme le plus possible de l'homme et de la vie, qu'elle soit proportionnelle, non seulement aux opinions, qui ne sont de nous qu'une minime partie, mais à tout ce qui est en nous, humanité, vie, force sociale. » [7]

M. Duthoit pose la question :

> « Faudrait-il faire élire le Sénat [professionnel] directement par tous les citoyens répartis dans une même région, suivant leur profession, en un certain nombre de circonscriptions ou de groupes que déterminerait la loi électorale, chacun de ces groupes devant tirer de lui-même son représentant ? » [8]

---

[4] Duguit, *Droit social*, 131.

[5] *Ibidem*, 605, 559, 596-597.

[6] Id., « Représentation syndicale », 29.

[7] Benoist, Rapport, 472 et suiv.

[8] Duthoit, *Suffrage*, 145.

Et le Charles Benoist de 1895 avait déjà répondu (avant de changer d'avis en 1926) :

« [La Chambre des députés] serait élue au suffrage universel direct par tous les citoyens égaux, mais répartis, selon leur profession, en un petit nombre de catégories très ouvertes, en trois ou quatre groupes très larges, embrassant tout le monde, ne laissant personne dehors, ne souffrant ni d'exclusion ni de privilège, chacun de ces groupes devant tirer de lui-même son représentant; avec une double circonscription : la circonscription territoriale déterminée pour le département et la circonscription sociale déterminée par la profession. » ([9])

M. Maxime Leroy analyse ainsi ce système :

« Chaque département aurait une représentation professionnelle au prorata des électeurs inscrits dans chaque groupe professionnel; quant au Sénat il ne serait pas mû par la profession mais par certaines collectivités : chaque département aurait droit à 3 représentants, l'un départemental élu par le Conseil général, l'autre municipal élu par les municipalités, le 3e élu par les unions locales ou corps constitués. »

Voici donc un premier système : c'est le *suffrage direct.*

Mais M. Duthoit envisage également comme possible un mode de *suffrage à deux degrés,* qu'il s'agisse d'un Sénat ou d'une Chambre des députés à caractère professionnel :

« Par exemple, tous les électeurs du Nord voués à l'industrie concourraient à l'élection d'un certain nombre de délégués sénatoriaux, ceux-ci éliraient le sénateur affecté à la profession, mais ne constitueraient point par ailleurs un conseil permanent de l'industrie. » ([10])

---

[9] Benoist, *Crise de l'État, op. cit.,* 250. N.T. — Repris dans la *Revue des Deux Mondes* [1er août 1896, p. 593, où les sénateurs seraient *nommés* en trois groupes égaux par et parmi les conseils municipaux et généraux, et les « corps constitués »] et cité par Duthoit [*Suffrage, op. cit.,* 145].

[10] Duthoit, *Suffrage, op. cit.,* 146.

Cet auteur prévoit enfin une troisième solution à laquelle il donne résolument sa préférence. C'est aux syndicats, aux chambres de commerce et, en général, à toutes les associations professionnelles antérieurement organisées et groupées dans un cadre régional que serait confié le soin de déléguer un des membres du Sénat, « de telle sorte qu'après avoir tiré d'eux-mêmes leurs représentants à la Chambre des députés, ces groupes continueraient à remplir dans l'ordre professionnel, leur mission consultative. »

M. Duthoit se déclare donc partisan sur un premier plan d'une organisation économique par régions ou provinces. Les collèges sénatoriaux comprendraient les chambres de commerce actuelles, des conseils de l'industrie et du travail, des chambres d'agriculture, des conseils ou chambres des professions libérales créées ou réorganisées dans ce cadre nouveau de manière que chacune des grandes catégories professionnelles possède au chef-lieu de la province économique un conseil spécial.

Ces chambres provinciales concourraient avec les corps constitués d'État à la désignation des élus sénatoriaux. Quant aux vues de l'auteur sur le fonctionnement de la machine gouvernementale, elles paraissent identiques à celles de M. Benoist ([11]), et il les exprime ainsi :

> « En résumé, la fonction législative serait donnée à deux Assemblées : une Chambre politique et un Sénat professionnel qui n'auraient pas toujours sur les projets de loi soumis à leurs délibérations le premier ni même le dernier mot à dire. L'initiative des lois, loin d'être réservée aux membres des deux Chambres et au gouvernement central, serait largement donnée aux Conseils d'ordre régional, départemental, municipal, professionnel.
>
> « Les deux Chambres devraient dans certains cas, pendant l'élaboration de la loi, recourir aux lumières de ces divers Conseils, suivant leur spécialité et l'objet de la loi en préparation; elles devraient aussi se ménager les avis d'un Conseil d'État, légisprudent, spécialement chargé de donner à la loi une forme juridique. » ([12])

---

[11] Id., *Réforme parlementaire*.

[12] Duthoit, *Vers l'Organisation*, 314-315; suite : « *Referendum.* — Les lois à l'acceptation desquelles n'auraient pas participé formellement les 2/3 au moins de la représentation nationale seraient soumises de plein droit à un referendum général. Enfin, la Cour suprême de justice userait, à l'égard des lois exécutoires, du droit de dispense. *Gouvernement.* — La fonction exécutive serait partagée entre

Il convient ici de faire le point. Nous avons jusqu'à présent exposé deux grands systèmes de représentation politique des intérêts professionnels. Celui du syndicalisme révolutionnaire avec Jouhaux, les C.G.T. proposant la suppression de la représentation politique actuelle telle qu'elle découle du suffrage universel, et l'absorption par une assemblée professionnelle de toutes les fonctions gouvernementales.

Les systèmes de MM. Sangnier, Duguit, Duthoit et Benoist, semblables entre eux à peu de chose près, tendent à donner à la représentation nationale un double caractère et ce, par le remplacement de l'une des Chambres du Parlement actuel par une Chambre haute professionnelle, dont les élus émaneraient directement des conseils ou assemblées professionnelles organisées enfin dans le cadre de la région économique.

La question du régionalisme économique, de l'organisation d'une représentation professionnelle dans un cadre provincial et non plus départemental, nous apparaît ainsi voisinant étroitement celle d'une représentation politique des professions près le pouvoir central — ne disons pas encore des corporations.

Mais l'accord est loin d'être fait.

---

des agents nommés par le chef de l'État, représentants du pouvoir central, et les organismes régionaux, municipaux, professionnels. Le concours des associations libres ne serait pas négligé. Et, à ses aides régionaux, municipaux, professionnels, volontaires, l'État n'imprimerait pas une tutelle déprimante, mais laisserait la spontanéité, la variété et la vie. La fonction judiciaire serait répartie entre des Cours ou tribunaux de droit commun et des Cours ou tribunaux spécialisés. Parmi ceux-ci, une large place serait faite aux tribunaux professionnels. Au sommet se placerait la Cour suprême qui recevrait à la fois le droit de dispenser en matière législative, l'examen des recours pour excès de pouvoir en matière administrative, enfin le jugement des conflits possibles entre les diverses autorités, ainsi que la détermination du pouvoir compétent en cas de conflit. Le concours des associations volontaires pourrait être autorisé, dans l'ordre judiciaire, comme dans l'ordre administratif; il serait particulièrement utile pour mieux assurer la poursuite et la répression des crimes. »

Les Systèmes de MM. Hauriou, Martin Saint-Léon et Audiffred

Beaucoup plus respectueux de l'ordre social existant, beaucoup moins audacieux dans ses aperçus est M. Maurice Hauriou, qui ne cache pourtant pas son sentiment : « Il ne faut pas, dit-il, substituer le suffrage professionnel au suffrage territorial, il ne faut même pas l'admettre à partager avec le suffrage territorial, le suffrage politique. ([13]) »

Ce professeur éminent considère en effet qu'une erreur de l'idée de participation consiste à croire que « les besoins économiques sont supérieurs aux besoins politiques par cela même qu'ils leur sont historiquement antérieurs »; il considère utopique la croyance « qu'une organisation économique rationnelle rendrait inutile toute espèce de contrainte parce qu'elle établirait instantanément la paix » — la paix sociale évidemment.

M. Hauriou est cependant loin de nier l'incompétence parlementaire et gouvernementale : « Ce personnel est à la fois incompétent et aveuglé par les passions politiques », écrit-il tout en dénonçant la pression des forces ouvrières ou des intérêts professionnels sur le personnel politique. Mais à ces maux, il appliquerait volontiers le remède d'un exécutif encore plus fort, s'appuyant directement sur le peuple et, pour suppléer à l'incompétence, se contenterait de voir nos représentants actuels assistés par un tout petit nombre « d'hommes pris dans les grands corps de l'État, dans les chambres de commerce, dans les sociétés savantes, dans les universités. C'est un peu à cette idée que correspondaient les 75 inamovibles de 1875. » À cette conception que M. Hauriou qualifie de « vraie », il ne voit, évidemment, rien à redire, si ce n'est (les hommes de science étant souvent des réalisateurs timides) « qu'il y aura quelque peine à la faire admettre en France pour le moment ».

M. Étienne Martin Saint-Léon, dont le système se rattache à l'École catholique sociale, ose, mais seulement en fin d'analyse,

---

[13] Hauriou, *Droit constitutionnel*, 616.

entrevoir également la possibilité de réserver dans les assemblées parlementaires un certain nombre de sièges aux élus de la profession. Mais c'est encore avec timidité et réserve qu'il s'exprime :

> « Enfin il serait peut-être possible — bien que nous ne dissimulions pas les difficultés que rencontreraient la réalisation d'un si grand projet — de réviser la composition de la Chambre des députés ou du Sénat, en réservant dans ces assemblées politiques, une place aux mandataires de l'industrie, du commerce, de l'agriculture, c'est-à-dire du travail national. Jusqu'ici, les élus du peuple représentent exclusivement des intérêts régionaux et locaux. Les intérêts professionnels eux aussi seraient enfin défendus. Même si on limitait au début à un quart ou à un cinquième des sièges la part du travail, cette réforme, qui pourrait être combinée avec la représentation proportionnelle, devrait être saluée comme du meilleur augure pour l'avenir politique de notre pays. » ([14])

La proposition de la loi présentée par M. Audiffred prenait avec une égale prudence pour but « une meilleure organisation des Assemblées parlementaires » et tentait timidement « une expérience, dans une limite restreinte, avec toute la mesure nécessaire » ([15]).

En remplacement des sénateurs et députés dont les sièges étaient alors vacants (38 sièges de sénateurs, 38 sièges de députés), il était question de désigner des délégués issus des collèges spéciaux suivants : chacune des sections de l'Institut, l'Académie de médecine, le Conseil supérieur de la guerre, celui de la Marine, les compagnies des chemins de fer, le Comité central des houillères de France, le Comité central des forges de France, les filatures (tissages, soie, laine, coton), les chambres de commerce, l'Académie d'agriculture, les industries de l'aéronautique, les armateurs (marine marchande), la navigation intérieure.

*

---

[14] Martin Saint-Léon, *Histoire*, 816.

[15] Rapport présenté par M. Max Leclerc, Sénat, 25-9-1915, n° 332; conclusions adoptées par la Chambre de commerce de Paris (séance du 8 déc. 1915).

Les différentes méthodes présentées jusqu'ici — la combinaison d'une représentation politique et professionnelle ou la suppression-même de la représentation politique nationale — portent toutes atteinte à l'actuel système constitutionnel français de représentation nationale : nos représentants issus du suffrage universel seraient sinon supprimés ou doublés, du moins sérieusement épaulés par les élus d'un suffrage professionnel. La timide proposition de loi Audiffred, la forme très atténuée de représentation politique professionnelle préconisée par M. Hauriou n'en supposent pas moins l'élection au sein même des assemblées parlementaires de nouveaux venus issus des corps de métiers.

La tentative la plus timide de réforme, qui tendrait à troubler pareillement nos coutumes parlementaires, ne manquerait donc pas d'être jugée anticonstitutionnelle et risquerait par là même, selon le degré d'échauffement des esprits, soit de s'écrouler sur elle-même, soit d'entraîner des troubles révolutionnaires.

* *

CHAPITRE III

DIFFÉRENTES CONCEPTIONS de CONSEILS GOUVERNEMENTAUX

Les projets que nous allons maintenant présenter et qui limitent leur ambition à la création de simples conseils gouvernementaux, par certains côtés comparables à l'actuel et officiel Conseil national économique, échappent au risque d'anticonstitutionnalité. Ces conseils consultatifs seraient, le titre l'indique, extra-parlementaires. À première vue, donc, les projets qui préconisent leur création ne présenteraient aucun caractère révolutionnaire. Nous verrons cependant que certains, par leur ampleur et par l'audace de la conception, bousculent sérieusement l'ordre existant.

Conception du Syndicalisme de Collaboration des Classes

Le syndicalisme de collaboration des classes, dont l'essor récent (1919-1920) n'en est pas moins intéressant, ne prétend nullement s'élever contre la puissance politique, mais s'entendre avec elle. Entente entre les groupements professionnels et le Parlement, entente des syndicats ouvriers avec le patronat, amélioration de la législation ouvrière, tel est son programme modéré.

Ce syndicalisme, auquel se rattachent la Fédération des syndicats jaunes d'avant-guerre (¹), la Confédération française des travailleurs chrétiens, la Confédération nationale du travail, l'Union générale des syndicats réformistes, vise la conquête pacifique de la propriété individuelle, est l'ennemi né du syndicalisme rouge révolutionnaire et propose, pour « décentraliser et assurer aux capacités la place qui leur est due », la création d'organismes de direction appelés « chambres de capacités représentant les valeurs professionnelles du pays et chargés de discuter les intérêts de la nation. Le referendum des capacités et des intelligences contrôlerait le pouvoir dictatorial des députés » — pouvoir dictatorial auquel il ne songe nullement à enlever les attributions politiques. Sans se départir de ses fonctions essentiellement corporatives, ce syndicalisme souhaite cependant, mais ne prétend pas exiger par la force, le contrôle de tous les actes du gouvernement visant les intérêts professionnels et l'économie nationale par des associations professionnelles.

Cette conception du rôle que seraient ainsi appelés à jouer les associations syndicales et, en général, les différents corps de métiers, est aussi celle que M. Jacques Bardoux développe dans son livre *La Route de France*.

Le Programme de M. Bardoux et l'Organisation régionale

Le programme de M. Jacques Bardoux est d'une certaine ampleur. Il s'agit ici, tout en conservant l'ossature de l'organisation politique actuelle, d'une réforme de grande envergure à quatre degrés : cantonal, départemental, régional, structure couronnée d'un Conseil de la production nationale siégeant près le Ministère de la Production.

L'auteur constate en première analyse que « les conseils régionaux, véritables petits parlements qui ont à trancher des questions d'ordre économique, prennent des solutions bâtardes,

---

¹ « L'organisation obligatoire des professions s'impose, en droit comme en fait, au point de vue des exigences de la justice comme des nécessités du présent. » (Lorin, « Étude sur les principes ».)

ont un programme souvent médiocre. » La cause ? Leur caractère uniquement politique — et M. Bardoux de conclure : « Prévoir deux électorats et deux mandats, voilà une des routes qui permettrait à la France enlisée de sortir du marais. »

À la base, un conseil cantonal ayant pour président le sous-préfet, pour membres, les maires et adjoints communaux, les présidents et secrétaires des associations professionnelles qui pourraient témoigner d'une existence d'au moins dix années. Ses attributions seraient l'examen des questions d'intérêt cantonal : consommation, transports, ravitaillement, hygiène. Il tiendrait séance avant chaque session du conseil général. Il s'ensuit dix catégories d'activités sociales :

Chambre d'agriculture
   1° Propriétaires directs ou non
   2° Journaliers agricoles (sans lopin de terre ni masure)
Chambre de commerce
   3° Commerçants et négociants
   4° Industriels, entrepreneurs, tâcherons
   5° Employés de commerce, banque, administration (avec salaire sans participation)
Chambre des métiers
   6° Techniciens brevetés : fer, pierre, bois
   7° Techniciens brevetés : transports (rail, terre, eau, fil, ondes)
   8° Carrières libérales : artistes, ingénieurs, médecins, écrivains
   9° Ouvriers d'industrie non spécialisés
   10° Mères de famille

Les 1re et 2e catégories concourraient, par voie d'élection à la majorité relative et sans second tour, à la formation d'une Chambre départementale d'agriculture. De même, les élus des 3e, 4e et 5e catégories formeraient la Chambre de Commerce. Les élus des 6e, 7e, 8e, 9e et 10e catégories formeraient un tout, une seule et même assemblée à laquelle l'auteur offre le nom de « Chambre des métiers ».

Voici donc constitué au chef-lieu départemental un ensemble de chambres professionnelles. Les délégués de ces chambres professionnelles et les élus des conseils cantonaux constitueraient le conseil général. Et les conseils généraux départementaux éliraient à leur tour les membres du conseil régional.

Ici s'intercale un rouage essentiel, la Commission régionale permanente, ayant pour président le préfet, et subdivisée elle-même en sous-commissions permanentes d'agriculture, industrie, etc.

Les bureaux des assemblées régionales métropolitaines et coloniales constitueraient enfin le Conseil de la production nationale, siégeant à intervalles fixes auprès du Ministère de la Production.

Voici la hiérarchie auprès de laquelle fonctionnerait évidemment, comme par le passé, le système du suffrage universel. On aperçoit facilement quelles seraient les attributions des chambres professionnelles (²), hormis celles de la Chambre des métiers qui, à première vue, semble réunir des élus de catégories sociales disparates.

Il appartiendrait au conseil général d'encourager et d'affermer « tous ces grands travaux publics nécessaires à un outillage moderne », et à la commission permanente issue de ce conseil, de fournir à son président, le préfet, tous les « éléments techniques qui lui sont utiles ».

Le préfet, écrit M. Jacques Bardoux, est actuellement un « représentant immobile d'une impuissante autorité, et le gardien vigilant d'intérêts électoraux; or, il doit être l'animateur de la vie économique » et, à la tête d'un exécutif régional, il n'aurait pas seulement à administrer, il nommerait les fonctionnaires, ordonnancerait les dépenses, instruirait les affaires; il aurait pour tâche principale « de collaborer avec les groupements professionnels et d'intensifier la production économique[,] de siéger

---

² « La Chambre de l'Agriculture peut être l'organe de la renaissance terrienne. Elle lève les taxes professionnelles et gère les offices agricoles. Elle répartit les terres incultes et organise l'immigration étrangère. Elle étend le réseau des associations et facilite l'accès à la propriété. La Chambre des Métiers doit être l'organe de la paix sociale : apprentissage et mutualité, assistance et hygiène définissent les cadres d'une activité qui sera d'autant plus féconde que la participation des carrières libérales et des mères de famille sera plus efficace. » (Bardoux.)

aux chambres départementales, provoquer des réunions et arbitrer des conflits, parcourir le territoire et renseigner le gouvernement ». Commandant enfin la police et assurant l'ordre, les préfets cesseraient ainsi, écrit l'auteur, « d'être des personnages du Palais-Royal pour redevenir les consuls d'une république romaine ».

Ainsi, l'organisation rationnelle des activités professionnelles, la mise à profit des compétences, la participation des corps de métiers à la gestion de grands intérêts économiques et à l'activité politique du pays, devraient avoir pour prodrome ou pour corollaire, d'après M. Bardoux, une réforme administrative presque absolue et à presque tous les étages de la hiérarchie. « Transformation totale, dira le lecteur. — C'est possible — la prospérité est à ce prix. — Il faut choisir entre le marais et la route. (³) »

L'auteur d'un pareil programme, ne devrait-il pas s'émouvoir de l'éventualité d'une ingérence assez tapageuse de conseils régionaux ou du Conseil de la production dans la plupart des attributions d'un parlement ou d'un cabinet des ministres jusqu'ici omnipotent ? M. Jacques Bardoux ne paraît nullement vouloir confiner dans la défense des intérêts corporatifs l'activité de ces conseils professionnels. En dehors d'une mission de paix sociale, il leur confie un rôle d'administration qui est de premier plan et un rôle réel de gouvernement puisqu'il ne recule pas devant l'expression d'« exécutif régional ».

Il n'en est pas moins vrai que son projet est un de ceux qui font le mieux apparaître la complexité du problème et, pour mieux dire, la connexité des deux questions relatives d'une part à l'organisation nationale des corps de métiers, et d'autre part à leur représentation politique et à leur collaboration avec les pouvoirs publics.

---

³ « Croit-on en conscience que les organismes locaux auront le même rendement s'ils restent confiés, comme des tremplins parlementaires, aux professionnels de la politique cantonale et aux orateurs de l'estaminet achalandé, ou s'ils sont maniés comme des organismes économiques, par les mandataires des métiers, formés par une expérience progressive et unis dans un effort commun. » (Bardoux.)

Comme l'a bien dit M. Émile Cazalis, « la représentation des intérêts suppose une organisation de ces intérêts » ([4]).

Le Système des États généraux et M. Cazalis

Mais voici que certains ont prétendu pouvoir scinder les deux parties du problème : procéder à une réorganisation rationnelle des corps de métiers, réaliser une collaboration heureuse du patronat et du salariat sans pour cela qu'il fût utile, nécessaire ou fatal d'accorder à leurs assemblées, à leurs conseils, des attributions politiques. Leur conseil économique professionnel représentatif des intérêts corporatifs serait pourtant placé près du pouvoir central.

Ainsi, des producteurs, des économistes et des journalistes se sont réunis en Comité des États généraux et, tout en affirmant être dégagés de toute préoccupation politique, n'ambitionnent, écrit M. Émile Cazalis ([5]), que la création d'un « organe consultatif qui éclairera les pouvoirs publics dans l'examen des problèmes techniques. [...] La pierre angulaire de ce système sera la Corporation. »

Et il est ici question d'une corporation obligatoire groupant tous ceux qui ont des intérêts professionnels communs : « la corporation de métier groupera donc à la fois le patron, les techniciens, les ouvriers. [...] Elle aura deux aspects très nets : l'aspect social et l'aspect économique » :

> « La corporation sociale sera caractérisée par une collaboration étroite entre les patrons et les ouvriers qui auront des délégués élus au Conseil corporatif — elle aura un patrimoine indivisible[;] les conflits possibles entre patrons et ouvriers seront déférés à des juridictions corporatives. La corporation économique sera exclusivement dirigée par le patronat car c'est lui seul qui possède les entreprises et assure la responsabilité de leur gestion. Elle nommera un Conseil économique

---

[4] Cazalis, *Cahiers*.

[5] *Ibidem*. Idées exposées dans un discours de M. Eugène Mathon, président du Comité central de la Loire, prononcé le 18 octobre 1923 à une assemblée de notables, convoquée par le Comité des États généraux. MM. La Tour du Pin et Georges Valois sont, avec M. Eugène Mathon, les précurseurs de ce système défendu principalement par les théoriciens royalistes de l'Action française.

qui s'occupera des intérêts généraux professionnels, veillera au respect de la discipline corporative. Ce Conseil pourra même légiférer au sein de la corporation. Il déterminera les prix de revient, pourra imposer ses membres, etc. Les pouvoirs de la corporation seront limités par ceux des autres corporations. [...] Il y aura des corporations de consommateurs[;] cette pression du consommateur fera disparaître la spéculation illicite, les coalitions. Des tribunaux, intercorporatifs, jugeront les litiges éventuels entre les corporations. L'État n'interviendra que le moins possible dans cette organisation : il en sera seulement le tuteur, l'arbitre. »

Quant aux échelons hiérarchiques, les voici :

Au-dessus de la corporation locale, une corporation régionale qui « représentera les intérêts dont elle a la charge auprès des États provinciaux » ressuscités des temps passés. Au-dessus, une corporation nationale qui « agira de même aux États généraux ». Ainsi, chaque corporation serait dotée d'un Conseil suprême économique au sein duquel serait délégué un représentant du « Ministère de l'Économie nationale ». Ce dernier, qui ferait partie intégrante des pouvoirs publics, aurait en définitive pouvoir discrétionnaire d'homologation. Et si des conflits très graves d'intérêts surgissaient entre corporations ou entre l'une d'elles et le Gouvernement, il appartiendrait à une Cour suprême inamovible de les arbitrer souverainement.

La Conception des Catholiques sociaux

Tout en se défendant mieux d'un « certain parfum d'Ancien Régime », le système des catholiques sociaux de l'« Association libre dans la Profession organisée » serait aussi, semble-t-il, un acheminement très nettement marqué vers l'ancienne corporation.

M. Martin Saint-Léon est le champion de cette théorie car, à la base, il veut une organisation rationnelle de la profession ([6]). Le syndicat ne serait nullement obligatoire :

---

[6] Déjà cité auprès de MM. Hauriou et Audiffred lorsqu'il s'agit de « renouveler pour partie le personnel politique, et de lui infuser, par intervalles, des compétences » (Hauriou, *Droit constitutionnel, op. cit.*, 623).

« *Association libre*, c'est-à-dire liberté pour tous les travailleurs de former tous les syndicats qui leur conviennent [...].

« *Profession organisée*, c'est-à-dire création d'un lien obligatoire et légal entre tous les travailleurs exerçant une même profession, établissement de corps d'état [*sic*] :

« 1° *Tous les membres de chaque profession dans une circonscription à déterminer devront être inscrits d'office sur une liste spéciale par les soins de l'administration publique, comme cela a lieu pour l'inscription maritime ou les conseils de prud'hommes.*

« 2° *Les membres de chaque profession inscrits sur cette liste constitueraient le corps professionnel.*

« 3° *Chaque corps professionnel aurait des règlements spéciaux auxquels seraient soumis les membres de la profession.*

« À la tête de chaque profession serait un Conseil composé de délégués des patrons et des ouvriers de la profession. [...]

« Le corps d'État [...] comprendrait : 1° les chefs d'établissements; 2° les salariés qui, dans les affaires d'intérêt commun — mesures à prendre contre le chômage, contre la concurrence étrangère, etc., pourraient délibérer en commun. Mais des assemblées générales exclusivement composées de patrons et d'ouvriers seraient convoquées pour discuter des affaires concernant spécialement soit le patronat soit le prolétariat. La même dualité éventuelle se retrouverait en ce qui touche le Conseil de la profession. Les délégués ouvriers et patrons siègeraient ensemble s'il s'agissait d'aviser à prendre des mesures d'exécution relativement à un intérêt corporatif général, séparément s'il s'agissait de la défense de leurs intérêts de classe.

« Le conseil professionnel serait un conciliateur et un arbitre éventuel tout indiqué pour statuer sur les conflits du travail; il pourrait, alors, s'adjoindre un tiers arbitre désigné d'avance et qui serait, par exemple, un magistrat, un ancien professionnel ou toute autre personnalité d'une compétence et d'une indépendance éprouvées. » (⁷)

---

⁷ Martin Saint-Léon, *Histoire, op. cit.*, 814-815.

Dans ce corps d'État, que M. Martin Saint-Léon appelle aussi conseil professionnel, où les décisions ne pourraient être rendues obligatoires qu'après réunions de la majorité des voix dans chacune des deux catégories les composant exclusivement, « [patrons et ouvriers] seraient investis du pouvoir de faire des règlements d'application des lois générales sur le travail; ils fixeraient les coutumes de la profession. (⁸) »

Le terrain sur lequel on se place est jusqu'ici exclusivement corporatif. Mais M. Martin Saint-Léon d'ajouter incidemment : « Les décisions qui seraient de nature à réagir sur les intérêts du public ou de l'État devraient être ratifiées par le Parlement. (⁹) »

C'est donc bien qu'il est à prévoir que leur rôle tendrait à n'être pas simplement consultatif; c'est donc bien qu'il serait malaisé après leur avoir abandonné certains pouvoirs discrétionnaires de les maintenir sur un terrain corporatif.

*

Partisans du système des « États généraux » et catholiques sociaux limitent en tous cas à ce cadre strictement corporatif l'activité libre des associations professionnelles, et pour ce qui est de leur ingérence dans la *res publica*, ils entendent les voir seulement consulter et non décider souverainement.

La Proposition de M. Ancey

Tout dernièrement, en mars 1929, M. César Ancey présente un nouveau projet de conseil économique et professionnel, réduit également à un rôle consultatif, à la manière de celui de M. Jacques Bardoux, mais dont le recrutement serait tout différent. Il ne s'agirait nullement de « créer un parlement en face de l'autre », mais simplement de remanier le Conseil national économique existant, tout en lui appliquant le titre de « Chambre technique et professionnelle » dont la composition serait dans ses grandes lignes la suivante (¹⁰) :

---

⁸ *Ibidem*, 815.
⁹ *Ibid.*
¹⁰ Ancey, *Organisation économique*, 109-110.

Un tiers des membres élus par les syndicats;

Un tiers délégué par les tribunaux, les chambres de commerce, les chambres de métiers, les organisations de l'artisanat et certaines grandes associations économiques d'intérêt public;

Un tiers nommé par le gouvernement.

« Le droit de vote devrait être exercé par le syndicat lui-même, et non par chacun de ses adhérents », mais « chaque syndicat aurait autant de suffrages qu'il possèderait de membres régulièrement inscrits et cotisants; le vote s'effectuerait par catégorie », sans oublier la représentation des groupements de Français à l'étranger et dans les pays de protectorat, représentation complémentaire à laquelle l'auteur attribue, à bon escient, une grande importance pour l'organisation générale « qui ne doit point être strictement territoriale, mais nationale dans le sens le plus large de ce terme ».

M. Ancey ne perd pas de vue la question du régionalisme en si étroite connexité avec celle de la représentation professionnelle. Il insiste en particulier sur la création de « sections régionales qui auraient pour objet l'étude méthodique des possibilités économiques de diverses régions de France ».

* *

CHAPITRE IV

La CONCEPTION de SUFFRAGE COLLECTIF des GROUPES SOCIAUX

Essentiellement différent par son esprit et son principe de tous les systèmes jusqu'ici présentés, le projet de système électoral de M. Bernard Lavergne est vraiment le seul du genre, il ne tient que de lui-même, je ne lui connais pas de similaire ou d'approchant et c'est la raison pour laquelle j'ai cru bon d'essayer de l'exposer en dernier lieu et à part.

Tant de bons esprits se sont essayés à mettre sur pied un nouveau mode de suffrage répondant aux aspirations obscures des temps nouveaux, tant de propositions se sont fait jour, tant de conceptions se sont affrontées — et cependant, aucun n'avait imaginé sérieusement une réforme politique et sociale installant ses assises au mépris des concepts de représentation des intérêts et de technicité professionnelle.

Certes, M. Lavergne ne repousse pas l'adjonction de compétences aux corps constitués issus du suffrage universel, et par là il reconnaît l'utilité des spécialistes, mais il regrette que l'idée ne soit pas plus avant creusée. L'idée, dit-il encore, de représentation des intérêts par catégories professionnelles « ne serait pas irréalisable », mais selon lui, ce n'est pas là conceptions utiles dont la réalisation est souhaitable, car ce n'est pas dans leur « force », dans leur « puissance numérique ou économique » que les syndicats doivent puiser le « droit de s'imposer à l'État » ([1]).

---

[1] Lavergne, « Suffrage », *art. cit.*, 372.

La conception nouvelle de M. Bernard Lavergne tourne résolument le dos à tous les autres projets déjà exposés — son auteur lui donne le nom de « suffrage collectif des corps sociaux ».

Que sont les « corps sociaux » ?

Ce sont les groupements, ici appelés professionnels, là corps de métiers, que tous les auteurs font concourir de quelque manière à la puissance publique, c'est-à-dire les syndicats professionnels patronaux, ouvriers ou mixtes, les associations d'intérêt général, certains corps d'État classés sous les rubriques scientifiques, économiques et d'association d'intérêt général. Les ouvriers même non syndiqués y trouvent place comme aussi les fonctionnaires ou les membres de professions libérales qui, en raison de leurs connaissances sociales techniques (ex. : chefs de service et hauts fonctionnaires), culturelles (professeurs de facultés) ou politiques (agrégés d'histoire, ambassadeurs et consuls), ne peuvent être oubliés — seulement le mérite de l'auteur est de considérer ces « corps sociaux » non en raison de leur importance numérique ou de leur puissance représentative d'intérêts particuliers, ou de leur compétence technique, ce qui avait été fait jusqu'à présent, mais en raison de leur compétence sociale.

Les « corps sociaux » ?

Ce sont les associations possédant à un degré variable la compréhension de l'intérêt général et le maximum possible de désintéressement personnel.

Les mêmes groupements professionnels peuvent ainsi être considérés sous deux angles différents : celui de technicité et celui de compétence sociale. Il va sans dire que cette façon de l'auteur de les apprécier se traduit pratiquement par l'octroi de la plus importante représentation aux corps jugés les plus compétents; compétence non plus technique, mais sociale, qui est la compréhension des mesures propres à satisfaire l'intérêt général.

Aussi, aux corps sociaux scientifiques (Conseil d'État, facultés, Collège de France) et aux associations d'intérêt général (sociétés ou associations en faveur de l'hygiène, de la natalité, contre l'alcoolisme, coopératives de consommation, mutualités) irait la majeures part des mandats sociaux, 160 mandats aux premiers, 80 aux seconds (²). Aux corps dits économiques (grandes entreprises, techniciens, grandes écoles, professions libérales, salariés) seraient dévolus 160 mandats, « parce que dotés d'une compétence technique et sociale incontestable, jouiss[a]nt du même nombre de mandats législatifs que les administrateurs ou propriétaires des firmes » (³).

Autre caractéristique du système Lavergne : le vote par groupe social. Le groupe social seul délibère et décide; son comité exécutif le remplace si besoin est, l'adhérent inscrit ou le simple sympathisant confiant simplement par son bulletin de vote à tel syndicat ou tel comité exécutif du groupe dont il aurait fait le choix, le soin d'être son mandataire. Ici, c'est l'organisation d'une sorte de suffrage à deux degrés.

Pour quelles raisons ?

Pour, en premier lieu, éviter les votes individuels et surtout parce que c'est « une des rares lois de la psychologie collective » que « les hommes, au moment précis où ils sont groupés en associations ou en corps, pensent et agissent tout autrement qu'ils ne le font quand ils demeurent isolés ». En somme, ce système assure la prédominance aux intellectuels en réservant le maximum d'influence aux groupes dont ils font partie. C'est le système de la représentation du savoir sous toutes ses formes, en particulier sous la forme présumée du meilleur savoir social et politique, et cela parce qu'il est temps de « rétabli[r] la hiérarchie des valeurs sociales ».

Les compétences techniques et les masses populaires n'auront droit qu'à une représentation réduite aux proportions de leur compétence sociale limitée. Le suffrage collectif est bien universel,

---

² *Ibidem*, 421, 393.

³ *Ibid.*, 417. N.T. — Mandats scientifiques (160) : capacités adm., fin. et juridiques (75), politiques et gén. (50), techniques (35); mandats économiques (160) : grandes entreprises et grandes écoles (54), moyennes entreprises et professions libérales (52), salariat et détaillants (54). (*Ibid.*, 394-396, 414-415.) « De ces 400 élus sociaux, la Chambre et le Sénat en accueilleraient chacun la moitié, admettant ainsi, dans une Chambre de 500 sièges, 250 élus sélectionnés par chacun des deux types de suffrage, et dans un Sénat de 300 sièges, 150 élus par chacun des deux types de suffrage, les deux types de suffrage conférant la même durée de mandat et le même droit de rééligibilité. » (*Ibid.*, 369, 393.)

mais non point égalitaire : « l'influence d'un corps devra être en raison inverse du nombre des membres qu'il comprend ». C'est toujours le même souci du respect de la compétence sociale qui exigerait, par exemple, que « [l]es ingénieurs du corps des Mines ou des Ponts et Chaussées a[ie]nt une représentation plus importante que les agents voyers », plus nombreux ([4]).

L'auteur précise encore ainsi sa pensée : « *Sans retirer à l'homme de la rue son bulletin de vote, nous affirmons qu'une instruction élevée confère par elle-même des responsabilités et des droits spéciaux à ceux qui l'ont acquise* […]. ([5]) » Il ne veut du reste en aucune façon supprimer le suffrage universel tel qu'il fonctionne actuellement, mais réduire son ampleur à d'équitables dimensions : les deux Chambres du Parlement comprendront par parts égales des élus du suffrage universel, défenseurs des intérêts individuels, et des élus des corps sociaux, défenseurs de l'intérêt collectif. À souligner ainsi que les élus sociaux doivent se trouver dans les deux Chambres : « Un Parlement scindé en deux camps irréductibles et opposés donnerait le spectacle d'une lamentable impuissance. ([6]) »

C'est ici la pensée ressuscitée de Saint-Simon sur la nécessité de donner le contrôle, sinon le gouvernement, de nos sociétés à ceux qu'il appelait « les savants, les industriels et les artistes » ([7]).

En résumé, il s'agirait d'organiser un triple suffrage : suffrage universel comme de nos jours, suffrage corporatif au sein du corps scientifique ou économique, et enfin suffrage social ([8]).

*
*   *

---

[4] *Ibid.*, 391.

[5] *Ibid.*, 403.

[6] *Ibid.*, 369.

[7] *Ibid.*, 425-426.

[8] Je crois en avoir assez dit pour faire comprendre l'esprit du projet et apprécier le génie réalisateur de son auteur. Je rappelle que ce système se trouve tout au long exposé par M. Bernard Lavergne (*Année politique*, mars-mai 1926, 353-426). N.T. — « [I]l y a toutes raisons de reconnaître aux femmes dans les mêmes conditions qu'aux hommes le triple suffrage universel […]. » (*Ibid.*, 425, note 1.)

PARTIE IV

Discussion

CHAPITRE PREMIER

L'ANTIPARLEMENTARISME ACTUEL et l'AMATEURISME DÉMOCRATIQUE. — L'ANARCHIE des PRESSIONS PROFESSIONNELLES sur l'ÉTAT. — L'INSUFFISANCE du CONSEIL NATIONAL ÉCONOMIQUE.

La diversité des conceptions, la multiplicité des systèmes amène la confusion, le trouble et l'esprit s'inquiète au moment de faire son choix. Maintien ou rejet du suffrage universel, admission des intérêts sociaux et des compétences techniques, régionalisme, organisation corporative, réforme administrative—autant de problèmes que soulève la question de la représentation politique des intérêts professionnels. C'est en effet, nous l'avons vu, un peu de chaque et le tout à la fois.

Une véritable révolution alors ?

— Peut-être. Mais dans le genre de celle que la seconde moitié du XVIIIᵉ siècle a installé dans les esprits, avant l'éclat de 1789, révolution qui renverse d'abord l'idéologie ancienne et prépare par-là les féroces et stupides explosions du mécontentement populaire. « [L]es révolutions [...] éclatent dans l'esprit. La rue ne fait que suivre », écrit M. Bernard Lavergne (¹). Souhaitons cependant que l'avenir nous soit clément.

---

¹ Lavergne, « Suffrage », *art. cit.*, 425.

L'état de choses actuel est assez grave pour que M. Poincaré, président du Conseil des ministres, ait cru devoir tout récemment (juin 1928), et à plusieurs reprises, s'en inquiéter à la tribune même de la Chambre :

« Dans une société démocratique organisée comme la nôtre, la souveraineté réside tout entière dans la nation et s'exprime par les représentants dont la Constitution a défini le rôle et les attributions : président de la République et gouvernement responsable, exerçant le pouvoir exécutif; Parlement composé de deux Chambres élues et exerçant le pouvoir législatif. [...]

« Lorsque la République s'est fondée, la liberté d'association n'existait pas dans le pays; les intérêts professionnels eux-mêmes n'avaient pas la faculté de se grouper. Les plus anciens d'entre nous ont connu un temps où les Chambres n'étaient guère saisies que de pétitions individuelles. Les lois sur les syndicats et sur les associations ont provoqué, dans l'économie publique et dans les mœurs sociales, une révolution qui, au total, a été heureuse et féconde, mais qui, pour ne pas dévier, doit se concilier dorénavant avec le fonctionnement normal du régime parlementaire. Il est certes très utile que le gouvernement et les Chambres reçoivent, à l'occasion, les avis autorisés de groupements industriels, agricoles, patronaux, ouvriers. Mais il est nécessaire qu'à l'égard de ces groupements, le pouvoir exécutif et le pouvoir législatif, l'un et l'autre gardiens des prérogatives de l'État, conservent leur liberté d'examen et de décision. ([2])

« [S]i l'état actuel se prolonge, il nous conduira insensiblement à l'anéantissement de l'État [...] tel que nous l'avons toujours conçu, non pas même les conservateurs ou les modérés, mais les républicains les plus avancés, les plus jacobins et, d'une manière générale, tous les héritiers de la Révolution française. [...]

« Messieurs, il faut choisir !

« Ou bien la souveraineté réside dans le peuple, et elle ne peut être exercée que par les mandataires du peuple, ou bien elle réside dans les corporations indépendantes qui ne sont pas nommées par le peuple, qui sont nommées par le gouvernement, mais qui s'affranchissent de lui, et alors il devient impossible à la volonté nationale de se faire entendre et respecter. [...]

« Vous n'êtes rien, messieurs, sans le peuple qui vous élit et que vous représentez; nous autres, ministres, ne sommes rien sans vous, qui nous contrôlez, qui nous donnez ou nous refusez votre confiance. » ([3])

---

[2] *Temps*, « Déclaration », 1.
[3] Id., « La politique », 4.

Seulement c'est déjà marquer son inquiétude que de mettre ainsi la représentation nationale en demeure de se prononcer entre la souveraineté du peuple et celle des corporations, car c'est par là reconnaître la puissance envahissante de ces dernières, et c'est faire montre de flottements dans la décision que de repousser totalement leur immixtion dans la gestion de la chose publique après avoir déclaré que la révolution sociale doit « se concilier dorénavant avec le fonctionnement normal du régime parlementaire », paroles qui permettaient tous les espoirs de collaboration.

Mais, de quoi s'agit-il en définitive ?

De la constitution d'une « élite gouvernementale » stable.

Quelle sorte d'élite ?

Appartient à l'élite, l'homme d'État qui allie à la compétence un « sentiment si élevé de la justice qu'il donne aux problèmes qui lui sont posés la solution la plus conforme aux intérêts non seulement de la classe à laquelle il appartient, mais encore de la population tout entière du pays » ([4]).

Comment constituer cette élite ?

Faut-il en réserver le choix à une classe aisée de citoyens, à ceux qui, payant un certain cens, offrent une certaine garantie de sagesse ou de tranquillité sociale ? C'est le jeu du critère de la fortune, proposé déjà par Aristote, accepté par la Révolution et encore appliqué en France de 1814 à 1848. Mais « rien n'est plus odieux à la démocratie qu'une supériorité reconnue à la fortune » ([5]).

La Belgique essaya en 1883, par la loi des capacitaires, d'un nouveau critère : le « degré d'instruction », qui est censé créer la compétence électorale. Il s'agissait, pour avoir droit de vote, de réussir à un examen qui était à peu près du niveau de notre certificat d'études. Le procédé paraît lui-même légèrement enfantin.

Autre expérience tentée depuis 1893 par la Belgique : le vote plural des pères de famille et des intellectuels. Expérience intéressante, mais qui, de l'aveu d'un très grand nombre de Belges « semble bien avoir épuisé maintenant son utilité historique » ([6]).

---

[4] Barthélemy, *Problème de la compétence*, 37.

[5] *Ibidem*, 40.

[6] *Ibid.*, 43.

Le système de la représentation professionnelle est une quatrième tentative de formation d'élite gouvernementale. Si le Conseil national économique officiellement existant devait être l'aboutissant final de ce nouveau mouvement, il ne serait, pensons-nous, pas très utile de s'y attarder — son unique rôle consultatif lui fait figure pâlotte de convalescent. Nous considérons donc comme insuffisants tous les projets tendant à la constitution de conseils économiques gouvernementaux jusques, et y compris, ceux de MM. Jacques Bardoux et César Ancey. Aussi, les tenants de représentation professionnelle ne prétendent point en rester là. Ce n'est qu'un premier pas, certains conseils étrangers nous montrent la route à suivre.

N'oublions pas le dernier mot de la formule définissant le but proposé. L'élite gouvernementale à constituer doit avoir une certaine garantie de stabilité, disions-nous.

Or, le Conseil national économique n'a aucun pouvoir pour conférer cette garantie à l'élite gouvernementale puisqu'elle reste en fait à l'entière dévotion d'une majorité parlementaire elle-même précaire. C'est toujours le petit jeu des partis dix fois trop nombreux, c'est toujours l'ère des compromissions, des faveurs ou des inimités personnelles, des intrigues de couloirs, des surenchères électorales et, avec ça, de l'« amateurisme démocratique » si vertement dénoncé par M. Joseph Barthélemy dans son ouvrage *Le Problème de la compétence dans la démocratie* (7).

Effectivement, « n'importe qui n'est pas bon à n'importe quoi » (8). Les civilisations antiques nous fournissent des exemples du danger de ce procédé empirique de gouvernement. Socrate fut accusé d'aristocratie et condamné à mort pour avoir dénoncé l'amateurisme politique d'Athènes à la faveur duquel elle fut vaincue par la Macédoine (9). À Rome, « les grandes fonctions publiques étaient confiées par l'élection pour un an, sans

---

7 *Ibid.*, 11, 13, 14, 91. N.T. — amateurisme généralisé : 12, 13; amateurisme gouvernemental : 125, 127, 128; amateurisme législatif : 52, 53; amateurisme ministériel : 120, 129, 138; amateurisme omnicompétent : 178.

8 *Ibid.*, 121, 193. N.T. — « [N]'importe quand [...] n'importe où » : 4, 121.

9 *Ibid.*, 12.

rééligibilité. [...] Mais lorsque le peuple romain [...] eut à administrer de vastes provinces, et à dominer l'Orient, alors éclata l'insuffisance de l'amateurisme démocratique » ([10]).

Cet amateurisme est dans l'essence même de la démocratie : elle se définit le gouvernement par les gouvernés eux-mêmes, c'est-à-dire par des incompétents. Or, gouverner, c'est commencer par faire des lois. Nous avons noté dans notre introduction combien souvent elles étaient incohérentes ou malvenues.

Le vrai responsable, n'est-il pas ce parlement issu d'un suffrage universel aveugle ? Inorganique ? M. Barthélemy raconte l'anecdote suivante : « Quelqu'un proposant qu'on mît un crucifix dans la Chambre des députés, Beugnot accepta à condition qu'on gravât, au-dessus, les paroles sublimes : 'Pardonnez-leur, mon père, car ils ne savent pas ce qu'ils font !' ([11]) »

Le Conseil national économique actuel, impuissant à rien changer à cet état de choses, ne me paraît pas être, en conséquence, l'expression définitive de la vérité. Du reste, « la vérité n'est ni achevée, ni close, car la vérité est un perpétuel devenir, elle est sans cesse en évolution, en transformation, en marche » ([12]). Il ne dépend pas des hommes de la saisir, ni de l'immobiliser.

Et qu'on ne dise pas que la démocratie, la République ne puissent être que ce que nous les connaissons, que les réformes envisagées sapent à la base le régime lui-même.

« La république n'est qu'un cadre, une forme vide, capable de recevoir plusieurs contenus. La république des soviets ne ressemble pas à celle du Reich, qui n'est pas la même que celle des États-Unis, qui est fort différente de la nôtre. Quand on prononce le mot République, on n'a pas signifié grand-chose de précis. » ([13])

---

[10] *Ibid.*, 13.

[11] *Ibid.*, 56. (Anecdote initialement rapportée par Charles Benoist.)

[12] François-Poncet, *Réflexions*. Sur les réalistes qu'on pourrait aussi appeler les « modernes » : « Ils s'installent dans ce qui est. Ils l'acceptent, ils y veulent vivre, leur souci dominant est de l'organiser, de l'améliorer, d'en tirer le meilleur parti pour le bien de leur nation. »

[13] *Ibidem.*

Ainsi, appliqué sous sa forme actuelle, le remède de la représentation politique des intérêts professionnels ne paraît pas avoir donné les résultats qu'on était en droit d'espérer. Et cependant, l'état anarchique demeure. Il serait aisé de prouver que le vote de tel député dans telle circonstance est l'expression même de la volonté d'un certain groupe d'intérêts économiques dont il n'est d'aucune façon le représentant attitré, mais auquel il a donné ou vendu son adhésion. C'est en cela aussi que réside l'anarchie des pressions extérieures collective sur l'État. Le suffrage universel inorganique en reste responsable. Il fonctionne comme si le mouvement syndicaliste entré dans la place en 1884 pouvait et devait être considéré comme nul et non avenu.

Donc, « les syndicats apportent l'anarchie, mais un peu comme paraissait anarchique aux impérialistes, la République » ([14]).

On ne peut malgré tout se défendre de leur reconnaître déjà une influence officieuse, mais salutaire. Les différentes classes sociales « tendent même à acquérir la direction de la besogne sociale qui, en fait, leur incombe; elles viennent limiter l'action du gouvernement central [...] » ([15]). M. Fournière, pour sa part, constate que :

« Les chambres de commerce, les syndicats ouvriers et patronaux collaborent d'une manière permanente avec les pouvoirs publics, soit pour la confection des lois, soit pour en assurer l'exécution. [...] L'institution des conseils supérieurs de catégorie ou techniques, que le régime moderne a fort heureusement développée, fournit aux législateurs et aux administrateurs publics une collaboration nécessaire, précieuse par les renseignements, les statistiques et les avis qu'ils leur communiquent. En matière législative, ils corrigent *quelque peu* l'incompétence universelle des élus d'un suffrage universel inorganique. En matière administrative, ils éclairent et facilitent l'application des lois. » ([16])

---

[14] Leroy, *Techniques, op. cit.* « Là où des hommes politiques n'ont voulu voir que du désordre malgré la pertinence des faits et la solennité des déclarations faites par les associés et syndiqués, nous devons chercher les signes d'un autre ordre : l'ordre fédéraliste. »

[15] Duguit, *Droit social, op. cit.*, 139.

[16] Fournière, *L'Individu*, 224-225. Ce « *quelque peu* » (nos italiques) paraît d'une formidable insuffisance.

M. Marcel Prélot écrivait en 1923 :

« La représentation professionnelle, elle existe déjà en quelque manière. Elle se manifeste par des interventions latérales, grèves, intimidations, négociations ou par l'élection politique des chefs syndicalistes. Il convient de lui donner une forme institutionnelle et des possibilités d'action continue et régulière. » ([17])

Nous disons avec lui que cette influence officieuse ou occulte des syndicats ne se légitime par aucun texte de loi; c'est en cela qu'elle demeure anarchique et c'est pour cela qu'elle aboutit à des résultats fragmentaires, sans plan d'ensemble, sans unité.

« Ne vaut-il pas mieux cent fois, discipliner une force naturelle, la canaliser, lui faire suivre un chemin tracé d'avance sur lequel elle accomplira son œuvre motrice que de s'obstiner à vouloir la supprimer purement et simplement au risque d'être emporté par elle ? [...] ([18]) Certaines personnes, il est vrai, vont encore répétant que les syndicats ouvriers sont des organisations de façade, dissimulant mal le vide et l'impuissance de leur conception. La grande majorité de leurs adhérents ne cotisent pas, dit-on; leurs chefs peuvent être des agitateurs habiles, des gréviculteurs très experts, ils sont inhabiles à faire œuvre utile, à organiser sur des bases solides, ces institutions de prévoyance dont la création et la gestion ont assuré une si légitime popularité aux sociétés de secours mutuels. »

C'est inexact pour la plus grande part. Confondre ainsi une poignée d'agitateurs des rues, dont les théoriciens de la violence comme M. G. Sorel sont les porte-paroles, avec les besogneux syndiqués de toutes les corporations, c'est à prime abord faire fausse route. N'oublions pas qu'à côté des syndicats ouvriers plus ou moins turbulents, les syndicats patronaux, les trusts, les cartels, les puissantes organisations économiques groupant des intérêts professionnels considérables et comptant une infinité d'hommes de valeur, nullement sanguinaires, forment le gros de la troupe de cette

---

[17] Prélot, *Représentation professionnelle*, *op. cit.*, 115.
[18] « Le syndicalisme est aujourd'hui une force sociale de premier ordre dont il est devenu impossible de faire abstraction. » (Martin Saint-Léon, *Histoire*, *op. cit.*, 838.)

vaste armée syndicale en marche vers une organisation intégrale ([19])
. Et nous venons de voir que les pouvoirs publics eux-mêmes
faisaient appel à leur lumière.

Mais, à quoi bon épiloguer davantage ?

Nous l'avons dit et le répétons. Il devient chaque jour
davantage inutile d'aller contre le mouvement syndical, mieux vaut
l'intégrer, l'absorber. « Qu'on le veuille ou non, qu'on s'en réjouisse
ou s'en effraye, écrivait autrefois M. Martin Saint-Léon, une armée
de 900.000 soldats s'est formée à l'intérieur[;] ils sont unis par la

---

[19] « [Le mouvement syndicaliste] n'est pas, comme le prétendent les
théoriciens du syndicalisme révolutionnaire, la classe ouvrière prenant conscience
d'elle-même pour concentrer en elle le pouvoir et la fortune[,] et anéantir la
classe bourgeoise. C'est un mouvement beaucoup plus large, beaucoup plus
fécond, je dirais beaucoup plus humain. […] Il n'est pas une transformation de la
seule classe ouvrière, il s'étend à toutes les classes sociales et tend à les
coordonner en un faisceau harmonique […]. Il faut voir, en effet, dans le
syndicalisme un mouvement qui tend à donner une structure juridique définie
aux différentes classes sociales, c'est-à-dire aux groupes d'individus qui sont déjà
unis par une similitude de besogne dans la division du travail social […]. »
(Duguit, *Droit constitutionnel,* I-440.) « Le syndicalisme, […] c'est la constitution
dans la société, de groupes forts et cohérents, […] déjà unis par la communauté
de besogne sociale et d'intérêt professionnel. […] Le surhomme n'est point,
comme le voulait Nietzsche, celui qui peut imposer sa toute[-]puissance
individuelle; c'est [un animal social] encadré dans des groupes sociaux […]. » (Id.,
Droit social, op. cit., 123-124.) « Il y a là un grand mouvement d'intégration sociale
qui s'étend à toutes les classes. Il peut y avoir à l'heure actuelle, et ce n'est point
étonnant, des perturbations, des troubles et des violences. Mais cela ne change
point la direction et la caractéristique générale du mouvement, qui est un effort
d'organisation des différents éléments sociaux et surtout un effort vers
l'organisation de la production. Syndicats ouvriers, syndicats patronaux,
associations des différentes catégories de fonctionnaires, fédérations de ces
différents mouvements, fédérations des travailleurs intellectuels, associations
agricoles, associations des petits commerçants et des petits industriels, syndicats
de capitalistes, tous ces groupements se forment actuellement d'une manière
peut-être désordonnée, mais tous tendent consciemment ou inconsciemment à la
même fin, une fin d'intégration sociale. Qu'on ne perde pas de vue, au reste, que
le mouvement n'est en réalité *qu'à son début.* Qu'on combatte les causes
perturbatrices d'où qu'elles viennent, mais qu'on ne s'oppose pas au mouvement
en lui-même; toutes les oppositions seraient brisées et ne pourraient que
déformer et fausser le mouvement au détriment de tous. Combien durera-t-il ?
Quelle sera exactement la structure sociale qui en sortira ? Ce sont là des
questions auxquelles il nous est bien difficile, sinon impossible, de répondre
actuellement. » (Id., *Traité, op. cit.,* I-509-510; nos italiques.)

solidarité des intérêts et des sentiments, par leurs espérances et par leurs aspirations vers un mieux social ! »

M. Lucien Romier a écrit ces quelques lignes sur ces pressions extérieures anarchiques s'exerçant sur l'État et sur les groupements d'intérêts :

> « Le branle est donné à la machine de l'État de moins en moins par une impulsion intérieure, et de plus en plus par des poussées extérieures.
>
> « L'État, d'actif, devient passif.
>
> « [...] Dans l'ensemble, malgré leurs défauts et quoi qu'on ait prétendu parfois, l'influence de ces groupements est une des plus saines qui s'exercent sur l'État. Du fait qu'ils représentent des intérêts limités et précis, ils opposent à la compétence technique de l'État une compétence également technique. Le but concret qu'ils poursuivent, les détourne, d'ordinaire, des querelles de personnes et des disputes de doctrines. » [20]

De tout ceci il résulte qu'étant donné d'une part, l'état de fait d'un antiparlementarisme trop justifié par l'incohérence législative, l'instabilité gouvernementale et l'amateurisme politique, et d'autre part la puissance débordante du flot syndical, par ailleurs chargé d'utiles éléments, les temps paraissent proches où une refonte de notre système politique dans le creuset social apparaîtra comme fatale.

* *

---

[20] Romier, *Explication*, 236-238.

CHAPITRE II

Les VICES des REPRÉSENTATIONS des INTÉRÊTS ou des OPINIONS EXCLUSIVES les UNES des AUTRES

Mais que propose-t-on ?

Rien moins, les plus audacieux, que la mise à mort de l'État politique et l'avènement d'un certain ordre économique qui suffirait à tout.

« C'est en effet une tendance du syndicalisme — et surtout du syndicalisme révolutionnaire — intéressante à signaler, que sa tendance à subordonner le politique à l'économique. Pour une certaine fraction, tout au moins, du syndicalisme ouvrier, le pouvoir politique est une force dissolvante qu'il faut de plus en plus réduire et rendre secondaire. » (¹)

Et là-dessus, M. Berth de déclarer :

« [I]l s'est produit [dans la conscience ouvrière] cette chose énorme, cet événement de portée incalculable, la mort de cet être fantastique, prodigieux, qui a tenu dans l'histoire une place si colossale [...] — l'État est mort [...]. » (²)

Oui — vraiment —, mais c'est toujours, je crois, dans la conscience ouvrière que cet événement s'est produit. En fait, l'État reste, il existe, il est fort, il n'est pas mort, il est maître du pouvoir,

---

¹ Cazalis, *Positions sociales*, 42.
² Berth, *Méfaits des intellectuels*, 180-181.

capable de discipliner les forces anarchistes. Il n'a jamais été aussi puissant et reste seul encore capable, malgré ses vices d'organisation, d'avoir le sens politique — il est seul plus ou moins défenseur de l'intérêt général. Autre chose est de savoir si actuellement il peut en avoir un entendement exact.

Mais dans l'état présent des choses, ça n'est pas le Conseil économique du travail cégétiste, ni le Conseil national économique, qui le remplacerait, heureusement. On se demande quelle serait la qualité des ambassadeurs et des consuls à qui ces organismes confieraient le soin de nous représenter à l'étranger. Non, l'État n'est pas mort, l'État, être vivant et immortel, mais assujetti aux forces extérieures dissociantes des intérêts collectifs particuliers, subit simplement, en vertu de sa durée, les transformations que la loi de la nature a imposées à tout ce qui vit et qui dure.

L'État politique ne peut mourir. Ceux qui croient le contraire ne saisissent pas ses formes successives; ils ne comprennent pas ses métamorphoses. Ce qui est en train de mourir, c'est la forme romaine, régalienne, jacobine ou napoléonienne de l'État. En même temps se précise une forme d'État, « plus large, plus souple, plus protectrice, plus humaine, plus intimement liée à l'essor économique moderne, une forme d'État où le fédéralisme syndicaliste doit trouver sa place aux côtés de l'ancienne forme politique qui ne paraît plus devoir se suffire à elle-même. Cela seul est vrai ».

À quel titre le mouvement syndical supplanterait-il l'État dans toutes ses attributions ? Avoir sa place ne signifie pas tout accaparer.

Mais le fédéralisme économique intégral se déclare à son tour omniscient et tend à être omnipotent. Ses défenseurs justifient ses prétentions en essayant d'établir qu'il peut seul assurer la représentation intégrale de tous les intérêts et que c'est cela seul qui importe.

Nous allons essayer d'établir :

1° Que le fédéralisme des groupes producteurs n'interprète nullement l'intérêt du consommateur et ne se hausse pas jusqu'à l'entendement de l'intérêt général;

2° Qu'à supposer assuré l'équilibre parfait des intérêts, une représentation à caractère politique n'en serait pas moins nécessaire.

Les Conséquences corporatives et étatistes du Fédéralisme économique pour les Intérêts généraux et individuels

Si, en effet, nous nous déclarons partisans d'une certaine réforme sur la base professionnelle, nous avons cependant le double souci de ne pas tomber dans les erreurs grossières de certains partisans fanatiques du système et de ne pas croire en lui comme en une panacée universelle.

On comprend trop souvent communément par représentation des intérêts, ceux des groupes producteurs, alors que comme l'indique M. Hauriou, « tout individu pris en sa seule qualité d'habitant d'un territoire, est essentiellement un consommateur plutôt qu'un producteur, que la qualité de consommateur est la seule qui soit vraiment commune à tous les habitants » (³).

Or, qui donc représente l'intérêt social du consommateur dans le syndicalisme intégral ? Les projets font trop souvent fi de cette représentation spéciale qui est d'importance.

Il n'est pourtant pas impossible de lui donner la place qui lui revient, mais la difficulté vient du fait que le consommateur se trouve partout et nulle part; il est producteur et rentier, intellectuel et manœuvre, appartient à tous les partis, transparaît aux yeux du bon observateur sous toutes les tuniques professionnelles. C'est du reste l'argument que soutiennent les associations de producteurs quand il s'agit de l'organisation d'une assemblée représentative de leurs intérêts. En Allemagne, écrit M. Prélot,

---

³ Hauriou, *Droit constitutionnel, op. cit.*, 621.

« durant la discussion du projet gouvernemental de Conseil économique, tant au Reichsrat qu'à l'Assemblée, tous les groupes pressés de consentir à abandonner quelques sièges en réclamaient de nouveaux, désignant pour leur être sacrifiés, ceux des entreprises municipales et des consommateurs. Pourquoi, en effet, disait-on, des délégués pour ces derniers ? Tout le monde pourrait les désigner ou personne ! L'activité économique forme un cycle fermé où toute entreprise est consommatrice par rapport à une autre exploitation; les fabricants de machines sont tributaires des laminoirs, les laminoirs, des fonderies, l'industrie textile du commerce de la laine, du coton ou du jute, l'agriculture, des fabriques de machines [...] et ainsi de suite. » (4)

Mais ici, il y a confusion; nous ne voulons pas parler de groupes, consommateurs d'objets fabriqués par un autre groupe producteur; nous ne songeons pas seulement à la défense des intérêts collectifs d'un certain groupe social, consommateur des produits issus du groupement producteur voisin. Nous voulons dire que la consommation des richesses et services nécessaires à la vie d'un individu reste sans représentant, que l'intérêt du consommateur individuel est sacrifié à l'égoïsme des groupes producteurs particuliers existants.

Et cependant, cette consommation représente l'objectif ultime de toute activité, mais ses détracteurs, rapporte M. Prélot, soutiennent :

« qu'elle possède déjà des porte-paroles : les travailleurs, masse consommatrice par excellence, sont ses naturels délégués. Sans doute ce point de vue ne manque pas de justesse. Les deux millions et plus de coopérateurs socialistes ou les trois ou quatre cent mille inscrits des organisations chrétiennes [en Allemagne] viennent pour la plupart des syndicats ouvriers correspondants, mais en tant que membres ou délégués de ceux-ci, se conduiront-ils en représentant des intérêts généraux ? [*] On peut sans parti pris, croire que des éventualités se présenteront où ceux-ci [les consommateurs appartenant aux groupes producteurs] se considèreront davantage comme associés des producteurs et par le fait complices du patronat. » (5)

---

4 Prélot, *Représentation professionnelle, op. cit.*, 101.
5 *Ibidem.* * On identifie ici l'intérêt général avec celui du consommateur individuel.

Signalons-le en passant, cette réflexion fait apparaître un des dangers de la corporation, et par là, un des défauts des systèmes présentés plus haut, tendant à la constitution d'« États généraux ».

Si nous stigmatisons ce vice inhérent à un système de gouvernement basé exclusivement sur une représentation des groupes producteurs, à savoir son aptitude à assurer le respect des intérêts du consommateur, c'est que ce dernier est généralement considéré comme l'un de ceux qui incarnent le mieux l'intérêt général avec lequel, dit-on, il s'identifie.

Mais personne n'a jamais démontré l'exactitude de cette croyance générale.

Il y a doute et cela d'autant mieux qu'il n'existe en fait aucune coopérative, aucune association ou fédération pouvant être considérée comme représentative de l'*universalité* des intérêts individuels de consommation. À moins que l'on considère le suffrage universel comme seul moyen de permettre une représentation au consommateur individuel. M. Lavergne reconnaît ceci :

> « L'intérêt du consommateur coïncide, il est vrai, avec celui de la collectivité plus fréquemment que celui du producteur, ce qui assure au régime coopératif une plus haute valeur sociale qu'au régime capitaliste où règne l'influence hégémonique du producteur; mais nous n'aurions pas de mal à montrer qu'en de fréquentes occasions l'intérêt du groupe national diverge de l'intérêt particulier du consommateur. » [6]

Et M. Prélot de conclure :

> « Ainsi s'entretient une confusion fâcheuse. Les intérêts des consommateurs ne sont pas d'ordre politique, mais économique. Ils soulèvent des questions complexes et précises à la fois, qui ont été jusqu'ici négligées. » [7]

---

[6] Lavergne, « Suffrage », *art. cit.*, 362.

[7] Prélot, *Représentation professionnelle, op. cit.* Par « être d'ordre politique », nous entendons ici « être représentatif de l'intérêt général ».

Le mouvement syndical qui tend à la représentation politique intégrale des groupes producteurs est, nous le voyons, impuissant à synthétiser l'universalité des intérêts puisqu'il sacrifie l'intérêt du consommateur.

Mais, est-il tout au moins de nature à dégager les *intérêts économiques généraux du pays* ?

L'auteur du *Fédéralisme économique* le prétend, M. Barthélemy soutient le contraire :

« L'erreur fondamentale consiste à croire qu'un parlement représentant une foule d'intérêts particuliers, représentera, par là-même, l'intérêt général et saura le dégager. [Donner] satisfaction à tous les intérêts contradictoires qui clament vers l'État, c'est ruiner et sacrifier le pays. [Car l]es intérêts s'opposent et, livrés à eux-mêmes, ils sont inconciliables. » [8]

M. Romier est du même avis :

« [L']équilibre des intérêts ne comporte pas forcément leur solidarité. Au contraire, il arrive que, pour modifier ou conserver cet équilibre, l'opposition entre les individus et les groupes intéressés devient de plus en plus âpre et de plus en plus active. Ainsi c'est la cohésion même de la nation et de l'État qui se trouve en péril. L'intérêt particulier, limité à ses propres fins, ne connaît ni la patrie ni la fidélité. Bien plus, son indifférence même pour les causes désintéressées le pousse à tirer le majeur profit dans le moindre temps des occasions que peut lui offrir le désintéressement d'autrui. Ainsi la formule libérale de l'équilibre des intérêts, une fois exclues une prévoyance et une autorité étrangères à cet équilibre purement matériel, risque d'aboutir à un conflit d'appétits anarchiques au sein de l'État. » [9]

M. Paul-Boncour reconnaît que le groupe professionnel a des intérêts égoïstes communs à tous ses membres, mais en contradiction le plus souvent avec ceux de l'ensemble de tous les autres groupes producteurs. Il conçoit néanmoins une synthèse de tous les intérêts collectifs contradictoires « qui clament vers l'État » :

---

[8] Barthélemy, *Problème de la compétence*, op. cit., 333-334.
[9] Romier, *Explication*, op. cit., 243-244.

« [I]l y aura entre les souverainetés qui seront ainsi délimitées, souverainetés restreintes à la spécialité professionnelle et à la région, de nombreux points de contact; les groupements auront à leur tour, comme les individus qui les composent, des intérêts communs, une solidarité commune.

« Il se crée ainsi pour une profession, une souveraineté limitée aux points d'intérêts communs et à laquelle se soumettront les groupements représentant les spécialités de cette profession. [...]

« De même, les souverainetés exercées par les groupements de professions similaires dans une même région, se soumettront à une souveraineté commune, toujours limitée aux points d'intérêt commun sur lesquels sa nécessité s'impose. » ([10])

Ainsi, de proche en proche, conçoit-on la formation d'un fédéralisme économique national, créateur d'une souveraineté économique générale, mais spéciale aux points d'intérêts économiques communs à un grand nombre de professions.

M. Prélot subordonne cette organisation à certaines conditions :

« Il convient que les gens de métiers sortent d'abord de leur isolement individualiste, puisque leurs groupes sporadiquement formés se concentrent jusqu'à s'unir en quelques grandes fédérations nationales. Il faut ensuite que ces tendances organisatrices se manifestent à peu près dans tous les domaines et qu'elles s'affirment comme le fait, sinon de la majorité, du moins d'une imposante et active minorité. Il est nécessaire enfin qu'un mouvement d'entente rapproche les unes des autres, d'une part les différentes directions et obédiences syndicalistes, d'autre part, les grandes unions patronales et ouvrières. »

Mais si ces conditions ont été réunies pour la première fois dans l'Allemagne de 1920, il n'en est pas de même en France. Je crois malgré tout qu'un projet de représentation professionnelle peut être sérieusement élaboré sans attendre la consécration par les faits d'un fédéralisme intégral, sans rendre obligatoire pour l'individu l'inscription à un syndicat.

Tout ceci indique qu'avec M. Paul-Boncour, il en est qui reconnaissent au groupe professionnel des intérêts égoïstes communs à tous ses membres; ils se déclarent d'accord avec

---

[10] Paul-Boncour, *Fédéralisme économique, op. cit.*, 387. « Souveraineté » est peut-être trop dire.

Proudhon qui avait proclamé justement : « On s'associe contre tout le monde », mais par contre, considèrent que la diversité et l'antagonisme des intérêts de plusieurs associations considérées dans leur ensemble font d'un système « pluri-professionnel », un organisme qui ne pourrait que tendre d'autant mieux à l'intérêt général, qu'il serait plus complexe.

Passons sur ce vice rédhibitoire de la complexité qui entraîna, souvenons-nous en, la chute et l'impuissance de la Commission du Luxembourg en 1848.

Voyons plutôt jusqu'où peuvent aller les champions du fédéralisme, créateurs d'assemblées professionnelles soi-disant représentatives d'un intérêt général, non seulement corporatif, mais national, comme le prétend M. Maxime Leroy :

« Chaque profession [...] ne forme pas un intérêt isolé dans l'ensemble : les professions ont des intérêts communs, dépendent les unes des autres, font des échanges de matières, collaborent.

« Alors devrait intervenir l'institution pluri-professionnelle destinée à donner de l'unité à toutes les professions du pays; c'est elle qui déciderait des règles ressortissant à une compétence moins étroitement spécialisée, jouant le rôle de ce que l'on appelle aujourd'hui l'État; elle serait l'État par rapport à tous les groupements particuliers. Des professions diverses seraient ainsi amenées à discuter en commun, mais à la différence de ce qui se passerait dans le Parlement imaginé par M. Ch. Benoist, les questions ne dépasseraient jamais leur compétence respective : les professionnels auraient à examiner non pas un point en dehors de leur spécialité, mais la manière de concilier, d'accommoder les uns aux autres les intérêts différents qu'ils représenteraient. Toutes les professions se touchent : ces points de contact n'appartiennent plus à aucun spécialiste. Ainsi l'organisation d'ensemble n'aurait à s'occuper que de questions d'ensemble, d'un caractère effectivement collectif. Des spécialistes pourraient alors discuter utilement sans cesser d'être des spécialistes. Resterait à dire comment : l'organisation ouvrière y répond. Aux congrès particuliers de chaque profession, fréquents et très spécialisés, s'ajoutent les congrès de la Confédération générale du travail, où ne sont discutées que les questions dépassant le cercle de la compétence de chaque fédération : distinction de pratique dans le détail de laquelle il ne peut être question d'entrer.

« L'intérêt général que l'auteur de La Crise de l'État moderne pensait faire servir par le Sénat se trouverait tout naturellement mis en œuvre par la délibération de cette organisation pluri-professionnelle, véritablement compétente, parce qu'elle n'aurait à discuter que des questions d'ordre pluri-professionnel : cet ordre pluri-professionnel se confondant nécessairement avec l'intérêt général, auquel il donnerait une armature technique que le jeu constitutionnel ne pourrait lui enlever.

« L'intérêt général, c'est en effet l'intérêt commun à toutes les professions, à tous les individus, qui, par définition, rempliront tous un rôle professionnel, c'est-à-dire productif dans la société. Il n'y a pas de fantaisie d'opinion possible parce qu'il y a un ensemble de règles précises dans chaque profession que des hommes compétents ne peuvent enfreindre par une nécessité qui est autant d'ordre social que d'ordre psychologique. » ([11])

Voilà bien l'Économique suffisant à tout et s'appropriant tous les attributs du pouvoir politique — « L'atelier remplacera le gouvernement », c'est le mot de Proudhon, répété à satiété. Et Marx disait encore, en polémiquant contre lui :

« La classe laborieuse substituera, dans le cours de son développement, à l'ancienne société civile, une association qui exclura les classes et leur antagonisme, et il n'y aura plus de pouvoir politique proprement dit, puisque le pouvoir politique est précisément le résumé officiel de l'antagonisme dans la société civile. » ([12])

Mais la vraie pensée de Proudhon n'est-elle pas simplement, et n'est-ce pas ainsi qu'il faut la comprendre : « Il n'y aura plus de gouvernement de parti, la foire d'empoigne des opinions n'aura plus sa raison d'être » ?

Nous allons voir que les opinions politiques ont tout de même un rôle à jouer, mais avant d'abandonner le fédéralisme économique et ses créations plus ou moins chimériques, notons qu'il nous conduirait en premier ressort à la résurrection des corporations et en cela il est conforme aux vœux des partisans des « États généraux ». Or nous avons déjà noté plus haut à quel point elles furent accusées d'être néfastes à l'intérêt général par leur

[11] Leroy, *Transformations*, 284-286.
[12] Marx, *Misère*, 243.

routine, leur esprit de corps, et ennemies nées de la participation des compagnons à la direction.

Ce serait, la C.G.T. l'a reconnu avec M. Jouhaux en 1919 et en 1924, la conjonction de l'intérêt patronal et de l'intérêt ouvrier contre l'intérêt général ([13]). Nous serons pour ces raisons adversaire de tout projet tendant à la résurrection du système corporatif.

Le fédéralisme économique intégral nous conduirait en second lieu, inévitablement, au système de la production d'État, c'est-à-dire, en somme, à la nationalisation des moyens de production.

Le vice d'une pareille méthode d'exploitation est de supprimer l'aiguillon de l'intérêt personnel; son faible rendement productif (en Allemagne, l'exploitation constamment déficitaire des chemins de fer de l'État avant-guerre, en France, mauvaise organisation et exploitation du réseau d'État des chemins de fer), le fonctionnarisme outrancier qui en est la conséquence, ont été trop souvent dénoncés ou flétris pour que nous nous y attardions.

La production d'État, c'est-à-dire la création illimitée de nouveaux monopoles d'État pour satisfaire à toutes les activités productrices de la nation, ce serait aboutir à un système bureaucratique dispendieux. Nous ne voyons pas comment pourrait raisonnablement la C.G.T. se défendre d'aboutir à ce résultat si on acceptait de la suivre sur le terrain où elle nous convie de la nationalisation industrialisée, n'en déplaise à M. Jouhaux qui a affirmé hautement le contraire en 1919, au congrès de Lyon.

Jaurès avait bien aperçu le péril, puisque pour y parer, il en arrivait à proposer une autonomie des groupes, une décentralisation :

---

[13] « Il faut être aveugle pour ne pas voir qu'une large part du grand patronat, dont la guerre mondiale a décuplé le pouvoir, aspire un peu partout à confisquer à son profit la puissance publique. Le développement de l'entreprise est gêné par l'opposition des travailleurs organisés. Du jour, où les masses prolétariennes, cédant à l'attrait d'avantages pécuniaires aussi faciles à retirer qu'à impartir, s'accorderaient avec les magnats, renonceraient du même coup aux projets de collaborations internationales qu'elles caressent, les seigneurs du coton, du fer, de la houille seraient bien près d'être les maîtres de l'heure. » (Caillaux, Préface du *Syndicalisme ouvrier*, XXIII-XXIV.)

« [I]l serait impossible à un gouvernement économique central de pourvoir d'autorité à toutes les nominations, de parer à toutes les difficultés dans le monde immense, complexe et vivant du travail affranchi. Déjà le gouvernement politique, qui a [...] une tâche bien moindre, est obligé de se décharger d'une part de sa besogne et de sa responsabilité sur des autorités locales élues : les conseils généraux et leurs commissions départementales, les maires [...]. À plus forte raison faudra-t-il décentraliser et faire appel à l'autonomie [...] des groupes et des individus [...]. » (14)

La Nécessité d'une Conception politique pour le Gouvernement d'un Peuple

Mais il y a plus : nous prétendons qu'un fédéralisme même complet, idéalement pyramidal et synthétique, groupant une multitude de syndicats rendus obligatoires, une foule de fédérations et d'unions d'intérêts économiques, même si on accordait à ce fédéralisme, supposition gratuite, la faculté de couronner l'édifice par un comité suprême ayant l'entendement parfait des mesures propres à assurer le respect des grands intérêts économiques de tout un peuple, ne suffirait pas à la tâche; il faudrait adjoindre aux brillants économistes de ce comité suprême, des hommes d'État politiques. Et cela, parce qu'une conception politique est nécessaire pour le gouvernement d'un peuple, parce que l'*intérêt* en lui-même n'a jamais été et ne peut être un principe de gouvernement.

C'est à la justification de cette emprise du politique et à la démonstration de sa nécessité, que se rattachent les écrits de MM. Lucien Romier et Guy-Grand, que je vais citer ci-dessous, à la lettre desquels je ne veux pas toucher et dont l'élévation de la pensée m'empêche d'accompagner de commentaires.

Souveraineté de principes ou équilibre d'intérêts ?

— M. Lucien Romier s'exprime ainsi :

« L'État contemporain s'éloigne de plus en plus du principe abstrait de souveraineté pour s'appuyer sur l'équilibre concret des intérêts particuliers, intérêts de groupes ou de personnes. [...]

---

14 Jaurès, « Contre l'organisation de la production par l'État », 137.

« Mais la substitution trop complète dans l'État du simple équilibre des intérêts à l'exercice d'une souveraineté de principe, entraîne pour une nation, deux graves inconvénients.

« Le premier inconvénient est que l'équilibre des intérêts ne comporte pas forcément leur solidarité. […]

« Un autre inconvénient de la formule de l'équilibre des intérêts, c'est qu'elle est par définition une *formule passive*. Passive en ce sens qu'elle enregistrera tôt ou tard toutes forces qui se manifesteront en tant que forces et quel que soit leur valeur, bonne ou mauvaise, conforme ou hostile à la tradition nationale. Passive surtout parce que l'équilibre ne contient en soi aucune raison que son inertie : il est fait d'immobilités successives qui se déplacent et se remplacent sans direction préconçue, *sans ordre voulu, sans idéal*, à la merci des surprises brutales.

« L'État transformé en formule d'équilibre des intérêts, *c'est la race dépouillée de sa personnalité spirituelle* et livrée aux viols du hasard.

« Si la mystique nationaliste, qui est extérieure à l'idée même de l'État, venait à disparaître, les États n'ayant plus d'autorité propre se dissoudraient pour ne laisser survivre que des associations d'intérêts. Nous serions dès lors soumis à une sorte de colonialisme universel… Il n'est malheureusement pas certain que notre civilisation puisse échapper à cette fin logique de son évolution présente. » [15]

Georges Guy-Grand s'exprime à son tour ainsi :

« La représentation des forces économiques, le remplacement des « opinions » par les « intérêts », bref, ce qu'on appelle d'un mot le syndicalisme est une des idées originales du « stupide » XVIIIe siècle; Saint-Simon, Fourier, Proudhon en sont les théoriciens et près de nous G. Sorel et Lénine. Dans le brusque éclatement du socialisme consécutif à la Grande Industrie, ces précurseurs comprirent que les sociétés modernes allaient être profondément modifiées par l'avènement des forces économiques et qu'il fallait leur faire une place dans le gouvernement des États. Seulement, tandis qu'enivrés de scientisme, ils avaient cru que la science allait désormais résoudre tous les problèmes, même ceux des fins humaines et de la destinée, l'importance de l'*Économique* les éblouit à un tel point qu'ils crurent que, devenue elle-même une science rigoureuse, elle allait détrôner et remplacer la *Politique*. » [16]

---

[15] Romier, *Explication, op. cit.*, 242 (nos italiques).
[16] Guy-Grand, « La crise du parlementarisme ».

Est-ce à dire que la politique soit définitivement éliminée ?

Ici s'accusent les divergences.

Il ne se trouve plus personne pour le soutenir à la lettre. Supprimer le Parlement, le remplacer par des « États généraux » ou des assemblées professionnelles, cela veut dire que l'ère des discussions politiques est close et qu'elle est désormais remplacée par la confrontation des intérêts. Et le pouvoir exécutif n'est plus à son tour que l'agent technique de ces assemblées économiques.

Mais rabattre ainsi la vie politique d'un État sur le plan purement économique ou professionnel, c'est sous-entendre que les grandes questions nationales, celles qui regardent l'orientation de la politique extérieure ou intérieure, la vie religieuse ou morale, l'instruction publique, bref, ce qu'il y a de plus fondamental aux yeux des citoyens et de plus profond dans l'âme humaine, que tout cela peut-être l'objet de discussions purement techniques. C'est bien en effet la conclusion à quoi il faut aboutir si l'on supprime les débats politiques. Et c'est ici qu'éclate le postulat inadmissible du système.

Il y a dans l'âme humaine, il y a dans la conscience civique autre chose que des préoccupations purement professionnelles ou économiques; il y autre chose dans la vie nationale que des problèmes techniques. Toute politique est la mise en œuvre d'une philosophie, d'une certaine conception, qui doit être réfléchie et mûrie, de la vie nationale, sociale, humaine. Cette conception, si elle était tout entière de nature scientifique, le problème serait résolu. Mais quelque confiance qu'on accorde à la science, on est contraint de reconnaître qu'elle n'a pas encore apporté, qu'il n'est peut-être pas de son ressort d'apporter des solutions définitives aux problèmes les plus hauts, les plus poignants, les plus tragiques de la vie nationale et morale. C'est pourquoi en ce domaine on en est réduit à des actes de foi, à des « opinions ».

M. Louis Rolland, professeur à la faculté de droit de Paris, a dans un de ses cours appelé l'attention sur ce point d'une manière à peu près identique :

« Si pénétré qu'on soit de *l'insuffisance* de la représentation des intérêts professionnels, il est impossible d'admettre que les intérêts collectifs de tout un peuple organisé en État s'intègrent seulement dans des besoins et des intérêts économiques, et que ceux-ci dominent les autres. Ce qui fait qu'une société subsiste comme nation, ce ne sont pas des communautés d'intérêts matériels, mais bien une communauté d'aspirations, par conséquent une communauté d'intérêts matériels et moraux. » ([17])

Gambetta tranchait le débat de cette façon : « On gouverne avec un parti, on administre avec des capacités », disait-il ([18]).

Mais il est curieux de remarquer que Proudhon lui-même a reconnu que l'âme d'une « *société politique* », c'est l'autorité — principe de gouvernement coordonnateur des forces collectives particulières et des intérêts antagonistes : « Qu'on suive tel système que l'on voudra, on arrive toujours à cette conclusion, que l'âme d'une société publique c'est l'autorité, et que sa sanction est la force. ([19]) »

Or, quelle que soit l'organisation économique et sociale préconisée, il semble bien que la nation prise dans son ensemble restera de toute façon une « société *essentiellement* politique ». Ce qui nous autorise à dire qu'un gouvernement devra émaner d'une représentation au sein de laquelle trouveront place les représentants des opinions et ne devra pas négliger d'être fort et puissant en s'appuyant sur un principe d'autorité.

Mais nous ne voyons pas la raison qui nous ferait conclure avec M. Rolland à la domination des organismes de défense des intérêts économiques par un gouvernement uniquement représentatif des intérêts intellectuels et moraux de la nation : « Il est évident, dit-il, que ces intérêts intellectuels et moraux dépassent de beaucoup les autres » — peut-être, en effet, pour les idéalistes et

---

[17] Rolland, Cours. (Tribunal correctionnel de la Seine, Audience du 13 janvier 1921 [*Recueil de la Gazette des tribunaux*, 15 janv. 1921, p. 200-206]).

[18] Deschanel, *Gambetta*, 269. (Cf. France, Assemblée nationale, « Enquête sur les actes du gouvernement de la Défense nationale », *Annales de l'Assemblée nationale, Annexes*, dans Reinach, Joseph, *Le Ministère Gambetta [:] Histoire et doctrine*, Paris, Charpentier, 1884, p. 339.)

[19] Proudhon, *Capacité politique*, 195.

les penseurs, mais il y a ici une part réservée à l'appréciation de tout un chacun. M. Rolland conclut :

> « Et il est tout naturel qu'au-dessus des organismes de défense des intérêts économiques, il en soit un plus fort, placé au-dessus d'eux, le *gouvernement* chargé de faire respecter l'équilibre, d'assurer le respect de la hiérarchie entre les besoins et les intérêts, un gouvernement dont la charge soit surtout de donner à la nation des orientations intellectuelles et morales. » [20]

Notre conclusion personnelle sera simplement :

— Que la Société France, considérée du point de vue économique, aux immenses richesses matérielles, dont l'empire colonial est l'objet de nombreuses convoitises, doit être gérée avec participation des masses laborieuses aux bénéfices, par un conseil d'administration composé :

1° D'*actionnaires* les plus directement intéressés;

2° De *techniciens* réputés pour leurs compétences professionnelles;

3° De *représentants du monde ouvrier.*

— Que la Société France, considérée du point de vue politique, héritière d'un passé chargé de gloire, hier fille aînée de l'Église, aujourd'hui champion du droit et de la justice, phare protecteur des destinées humaines, doit être gouvernée par des hommes d'État formés au cours des luttes de partis où les opinions les plus opposées s'entrechoquent, et ayant autant que possible acquis, au sens le plus élevé du terme, la conscience de la dignité humaine — ceux-là pour discuter des concepts abstraits de justice, de liberté et d'égalité, et pour imprimer au Pays une orientation intellectuelle et morale.

Mais il n'y a pas deux sociétés France, d'où la nécessité de *combiner* ces deux principes directeurs : non pas en assurant à l'un la prédominance sur l'autre; la nécessité de la prédominance du politique sur la représentation des intérêts économiques et sociaux ne nous paraît en effet nullement démontrée. Il semble au contraire

---

[20] Rolland, Cours. (Nos italiques.)

qu'il y ait de fortes raisons de penser qu'un gouvernement s'appuyant sur un principe d'autorité doit être l'émanation d'un parlement à double représentation, où délégués d'intérêts économiques et représentants d'opinions politiques coopèrent pour le plus grand bien public.

* *

CHAPITRE III

Du RÉGIONALISME et d'une CHAMBRE PROFESSIONNELLE

Seulement, même ceux qui sont unanimes à adopter cette manière de voir, manifestent des opinions contraires quand il s'agit de traduire ces solutions de principe par des institutions.

Considérations sur le Régionalisme

Pour certains, le régionalisme est à la base de la réforme : « à l'accroissement des fonctions de l'État doit correspondre un mouvement inverse d'abandon des tâches d'exécution aux corps sociaux indépendants (¹). » Il n'est pas, pensons-nous, de meilleure façon d'aborder l'étude d'un régionalisme économique avancé, que de montrer les difficultés qu'il rencontra en Allemagne.

Le Conseil économique national et les conseils économiques régionaux allemands avaient été créés à cette fin. Voici comment, au sujet de ces derniers, s'exprime M. Marcel Prélot :

> « On conçoit bien leur action dans la répartition des matières premières, le contingentement du combustible, la surveillance des contrats collectifs de travail, le contrôle des bourses et marchés, l'extension des lois d'assurance sociale, l'assiette des impôts, etc. Ce sont autant de tâches qu'ont déjà remplies partiellement les organisations professionnelles.

---

¹ Prélot, *Représentation professionnelle, op. cit.*, 123.

134

« Par contre, il est plus difficile de préciser les entreprises publiques dont la gestion incomberait aux conseils économiques régionaux. Comme les communes ou unions de communes, ils pourraient se faire agents directs de production de lumière et d'adduction d'eau.

« Mais à se substituer aux organismes existants ou à entraver leurs éventuels développements, on ne peut dire s'il y aura réellement économie financière et meilleure répartition des forces.

« La réponse ne saurait venir que des événements. Il est douteux qu'elle soit promptement apportée. Ce qui rend malaisée une conception précise des attributions des conseils économiques régionaux, c'est en outre, l'incertitude sur le caractère plus ou moins socialisant de l'économie de l'avenir, le fait qu'ils doivent être placés à la tête de régions à créer de toutes pièces. » (²)

Comment constituer des centres régionaux économiques ? La région économique est-elle pratiquement possible ? M. Prélot expose que :

« Certains ont pensé qu'il serait ingénieux de ne désigner que des centres, en laissant aux intéressés le soin de se rattacher librement au chef-lieu de leur choix. Ainsi la frontière de la région économique serait différente s'il s'agissait d'électricité, d'agriculture ou de métallurgie. Cette extrême plasticité s'accorderait théoriquement fort bien avec la nature mouvante des phénomènes, mais pour être logique, il conviendrait de multiplier les centres. Il y aurait des territoires corporatifs et plus de régions économiques. De ces suggestions, ne reste à retenir que les risques certains des conceptions à priori ou des cadres trop rigides. Comme provinces réelles, on désigne : l'Allemagne du Sud-Ouest (Wurtemberg et Bade), Bavière septentrionale, Bavière méridionale, Grande Hesse, Sarre, Weser-Ems, Grande Thuringe, Basse Saxe, Saxe, Brandebourg, Grand Hambourg, Poméranie et Mecklembourg, Prusse orientale, Silésie. De telles circonscriptions seraient sans doute beaucoup plus trop vastes pour y assurer l'action prompte ou y établir le contrôle réel poursuivi. On s'est alors demandé s'il ne convenait pas de créer des subdivisions territoriales nouvelles, mais l'opinion semble s'affirmir qu'il suffit de s'en tenir au sectionnement par branche corporative en laissant à chacune des sous-organisations le soin de déterminer l'étendue de son ressort suivant son genre propre d'activité. » (³)

---

² *Ibidem.*
³ *Ibid.*, 125, n. 16.

Donc, deux théories du régionalisme corporatif :

Ou bien création de conseils régionaux groupant les représentants de toutes les professions, de toutes les corporations d'une région économique déterminée;

Ou bien une céramique de « territoires corporatifs » s'enchevêtrant les uns les autres, et dont la complexité serait, semble-t-il, extrême.

Nous optons pour la première conception, car le système de territoires corporatifs nous paraît entraîner une complexité inutile; il ne s'agit pas en effet à nos yeux de créer des territoires corporatifs, mais de donner pour certaines choses une légère autonomie (décentralisation) à une région, à une province formant au point de vue économique un tout, un ensemble.

Considérations sur une Chambre professionnelle substituée à l'une des Chambres actuelles

Il en est également pour qui allier l'économique au politique, c'est, tout en respectant l'actuelle Chambre des députés, renverser le Sénat actuel et lui substituer une assemblée professionnelle.

Nous avons vu que MM. Sangnier, Duguit et Duthoit sont de cet avis; c'est leur façon de « constituer un contrepoids à une Chambre élue par le suffrage universel des individus ». Voici comment M. Duthoit présente la justification de cette assemblée :

> « [I]l faut à cette Assemblée [la Chambre politique], sujette aux entraînements, prompte à dépasser ses droits, un contre-poids; il faut un Sénat, qui, en toutes choses, ait son mot à dire, qui ait les mêmes pouvoirs que la Chambre des Députés, mais qui exerce ses droits avec des vues différentes, et, s'il est permis de dire, avec une neutralité qui ne soit pas celle de la Chambre.
>
> « Souvent la Chambre haute n'est que le pâle reflet de sa rivale : elle répète à quelques jours de distance les mêmes arguments, avec moins de passion et plus de parti-pris, peut-être plus de compétence technique et peut-être moins d'élévation. Comment pourrait-il en être autrement là où le Sénat est élu par le même collège électoral que la Chambre, ou, ce qui revient au même résultat, par un corps plus restreint mais animé des mêmes passions individualistes et visant uniquement la victoire d'un parti politique sur un autre ?

« Le Sénat ne se différencie alors de la Chambre que par l'âge de ses membres : il tend à réunir les anciens parlementaires fatigués de luttes souvent stériles. Et alors il n'empêche pas le mal que l'autre Chambre veut accomplir et il se peut qu'il retarde les choses utiles que celle-ci, plus sujette aux entraînements de l'opinion, dans le bien comme dans le mal, voudrait accomplir.

« Il faut que la Chambre haute ait une physionomie propre et bien vivante; qu'elle ait une originalité, saisissable même pour les moins attentifs; qu'elle soit un foyer d'activité et de progrès. Elle ne sera telle que si son origine lui donne en quelque sorte une marque distinctive, l'oblige à être *autre* que la Chambre des Députés et à s'inspirer, pour les décisions à prendre, de préoccupations différentes. Le Sénat doit être la synthèse des vies collectives du pays. Et comme l'exercice de la même profession est le signe le plus sensible d'une vie commune entre individus, comme les Conseils de la profession sont le foyer permanent où se concentrent les intérêts solidaires, il faut que le Sénat soit élu par tous les corps organisés pour représenter et défendre les professions [...].

« Une Chambre haute, recrutée de cette manière, par les Conseils de toutes les professions et dans leurs rangs, aurait, en tous points, des *droits égaux à ceux de la Chambre des Députés.* [...]

« [...] Tout acte de puissance législative devrait être soumis à la délibération des deux Chambres. Qu'on ne dise pas qu'une Chambre haute élue par les professionnels, parmi les professionnels, ne devrait pas avoir son mot à dire que sur les lois économiques ou sociales qui concerneraient directement l'exercice même ou l'intérêt des professionnels. Toutes les lois réagissent par quelque côté sur le travail national, dont les membres d'un Sénat professionnel seraient les représentants les plus autorisés. Les questions vitales qui passionnent l'opinion, qui intéressent tout le monde : la paix et la guerre, un traité à conclure, des mesures à prendre sur l'éducation, un fléau à combattre, ont une répercussion forcée sur la vie professionnelle; il est donc juste que des hommes qualifiés statuent sur ces questions en s'inspirant des droits et des intérêts du travail. Quant aux lois qui intéressent directement l'exercice même des professions, il serait juste que le Sénat professionnel reçût la prérogative de les examiner avant la Chambre des Députés et de les voter en première ligne, puisqu'il est à la fois plus compétent et plus immédiatement intéressé. Réciproquement la Chambre des Députés garderait son droit de priorité pour les lois de finances. » (⁴)

---

⁴ Duthoit, *Vers l'Organisation, op. cit.*, 290 et suiv.

On pourrait, sur ce terrain, discuter à perte de vue, l'expérience de la constitution d'un Parlement composé de deux Chambres : l'une politique et l'autre professionnelle n'a jamais été tentée; on ne peut donc que soupçonner à peine les difficultés qu'engendrerait un pareil système, et c'est sans aucun fondement qu'on peut le présenter comme merveilleux.

J'incline néanmoins à penser que tantôt l'une, tantôt l'autre de ces deux Chambres, serait en constante rébellion contre sa partenaire. De nature et d'extraction essentiellement différentes, ces deux assemblées ne parviendraient pas, je le suppose, à s'entendre, et chacune d'elles serait très encline à observer avec malveillance les agissements de l'autre. D'où instabilité gouvernementale et législative, discorde. En un mot, le remède proposé pourrait bien être pire que le mal.

* *

CHAPITRE IV

CRITIQUE du SYSTÈME de M. BERNARD LAVERGNE

Seul, jusqu'ici, le projet de représentation au Parlement des corps sociaux, conçu par M. Bernard Lavergne et que nous avons plus haut exposé, paraît échapper aux vices des différents autres systèmes que nous venons d'essayer de mettre en lumière.

À lui, en effet, peuvent, pensons-nous, aller les sympathies des novateurs raisonnables. Il n'est cependant pas à l'abri de toute discussion.

Nous lui reprochons, mais avec modération et respect, d'être dans la nécessité de doser l'influence respective de « chaque corps social à proportion de son aptitude à s'élever au général », opération que MM. Camille Lautaud et André Poudenx qualifient de « singulièrement délicate » ([1]).

En second lieu, il nous paraît réserver aux représentants des corps savants une place trop importante. « [S]ans recourir aux formules simplistes du passé, aux privilèges de la naissance et de la fortune », il paraît instituer une certaine noblesse privilégiée, celle du savoir, celle des hommes « qui ont fait de l'étude leur carrière », 160 sièges sur 400 doivent être ainsi, semble-t-il d'après ce projet, considérés comme correspondant à cette catégorie ([2]).

Et nous ne sommes pas malheureusement certains qu'à l'apparition de ce nouveau genre de privilège qui confine au mandarinat, mais qui est des plus respectables, un grand nombre

---

[1] Lautaud et Poudenx, *Représentation professionnelle.*
[2] Lavergne, « Suffrage », *art. cit.*, 363, 364.

d'adversaires résolus ne surgissent, surtout parmi les basses classes sociales, prétextant que tous ces hommes de science ne sont que de vieux philosophes ou des visionnaires, et qu'il leur faut des hommes actifs, jeunes, des hommes d'action, ouverts au progrès et allant de l'avant.

La réponse paraît toute prête; ces hommes d'action qu'ils réclament leur viendront des associations d'intérêt général, des corps économiques et … du suffrage universel. Mais il est à craindre que l'argument ne leur paraisse pas convaincant.

En troisième lieu, des malintentionnés pourraient peut-être reprocher à M. Lavergne la complexité de sa représentation insuffisamment synthétique, insuffisamment agglomérée en grandes catégories; trop de subdivisions, pourrait-on dire.

D'où grosses difficultés de dosage dans la répartition. Seul, le chiffre total des mandats des corps sociaux fixé à 400, nous paraît exagéré, mais le reproche de la complexité ne serait pas grave. Notons que la classification de M. Lavergne est parmi les plus simples. Ces questions de dosage du nombre de sièges, ces questions de répartitions proportionnelles à l'importance sociale de chaque groupe ne sont pas primordiales.

Un homme distingué appartenant depuis ses débuts au Conseil national économique nous disait que du fonctionnement de ce Conseil se dégageait notamment la leçon qu'il n'y a aucun inconvénient à faire de ces questions qui paraissent si sérieuses des préoccupations de second plan.

Il ne faut pas craindre d'être incomplet, seule une classification très simple par grandes catégories professionnelles est utile, un compartimentage excessif encombre le conseil d'une foule de délégués de second ordre. L'écueil est, par exemple, en l'espèce, les protestations du roi du biscuit ou du fabricant d'un quolifichet quelconque qui ne manqueront pas de soutenir que leur industrie est d'une importance sociale capitale. Il ne faudra pas hésiter, s'il y a lieu, à s'opposer énergiquement à leur représentation *directe* au Conseil.

* * *

CONCLUSION

VERS UNE RÉFORME CONSTITUTIONNELLE

Les lois de 1884 et 1901 sur les syndicats et les associations, dont le vote, sous la poussée des événements, ne pouvait plus être différé, ont permis la constitution entre le citoyen et l'État, de groupes intermédiaires, syndicats, associations diverses, trusts, cartels, représentatifs d'intérêts collectifs particuliers et groupant des compétences techniques. Bon gré mal gré, ces personnes morales imprévues, mais dont l'État a reconnu l'existence, ont acquis une influence politique occulte. Ces corps intermédiaires troublent ainsi de plus en plus le fonctionnement du régime parlementaire organisé par les lois constitutionnelles de 1875 sur la base d'un suffrage universel individualiste.

L'État de choses actuel est donc anarchique. D'autre part, notre démocratie, pour discipliner dans un intérêt général les pressions égoïstes et dissociantes des intérêts collectifs particuliers, répugne à l'institution d'un gouvernement monarchique ou dictatorial uniquement fondé sur un principe d'autorité. En conséquence, il apparaît nécessaire d'avoir recours à une méthode de fusion appropriée, c'est-à-dire qu'il devient obligatoire d'intégrer, au sein de la souveraineté nationale à base individualiste, la représentation des principaux groupes collectifs professionnels qui tendent à participer à cette souveraineté.

Mais la prudence peut conseiller que l'on procède par étapes.

Le Conseil national économique est un premier pas; il ne peut être le dernier : « Entre une association professionnelle abusivement pourvue de tous les attributs de la souveraineté et de pâles organes consultatifs que nos administrations se feraient un jeu de reléguer dans les sous-sols bureaucratiques, n'y a-t-il pas toute une gamme de solutions intermédiaires ? » disait M. Caillaux ([1]). D'ores et déjà, ce conseil économique gouvernemental devrait avoir la possibilité de déposer sur le bureau de la Chambre des propositions de lois.

La seconde étape sera peut-être, comme M. Hauriou le propose, l'adjonction de quelques délégués professionnels à la Chambre des députés.

Il est malaisé de prévoir l'avenir, mais je pense que cette soi-disant réforme apparaîtra elle-même très vite dérisoire.

La réforme du suffrage universel me paraît être le seul aboutissement possible du mouvement, elle est comme quelqu'un l'a dit, la *réforme des réformes*.

Le XXᵉ siècle, assistera-t-il à la rivalité des assemblées politiques et professionnelles, comme le XIXᵉ fut le témoin de la lutte des représentations aristocratiques et populaires ?

Certains le pressentent et vont disant que la routine, la force d'inertie des masses nous font seules demeurer dans un état de choses qui n'a plus aucune raison d'être, qu'il suffira à une minorité d'élite, parvenue à la maturité d'opinion nécessaire, de vouloir, pour déclencher une réforme qui s'impose.

Quant à cette autre opinion qui est celle des masses, n'est-elle pas à la merci des grands quotidiens; n'est-elle pas déjà entre les mains des puissants du jour, ne la retourne-t-on pas comme un gant ? Notre époque n'est pas à une volte-face près : vérité hier, erreur aujourd'hui; à l'allure où va la machine, on a tôt fait de changer d'horizon.

---

[1] Caillaux, Préface du *Syndicalisme ouvrier*, XXIX.

L'opinion ? Mais n'a-t-elle pas déjà été remuée : le directeur du journal *L'Intransigeant*, M. Léon Bailby, dont les articles quotidiens retiennent l'attention d'une foule immense de lecteurs, n'a pas craint en octobre 1927 de se ranger aux côtés de MM. Auriol, Laîné, Montigny, Caillaux, qui venaient de faire voter par les conseils généraux de Sarthe et de Haute-Garonne des vœux identiques de réforme parlementaire ? Ces vœux exprimaient leurs désirs communs de voir réduire à 175 le nombre des sénateurs et à 350 celui des députés — pour quelle raison, si ce n'est pour diminuer d'autant leur inutilité ?

Voyez comment ce journaliste très en honneur, directeur d'un des plus grands quotidiens très modérés, s'exprime sur la composition de notre « sacré collège des députés » : « Non, en vérité, on n'aperçoit pas la raison, le prétexte, la peur, capables de justifier la composition de cette chambre archaïque. »

Chambre issue du suffrage universel — Chambre archaïque.

Il fut un temps où pareilles incorrections de langage n'auraient pas été pour un bon journal, article de publicité près de sa clientèle d'honorables citoyens lecteurs.

Qu'est-ce à dire, sinon que l'opinion est déjà hésitante.

L'heure est en effet venue, beaucoup — du moins — le prétendent, d'apprécier à leurs justes mesures les vertus désuètes de ces vaines formules :

— Assemblée nationale;
— Souveraineté du peuple;
— Suffrage universel.

Nos arrière-grands-pères, les républicains de 1848, se laissaient encore bercer par ces résonnances harmonieuses d'un autre âge. Ils pouvaient peut-être encore prendre pour livre de chevet l'*Esprit des lois* de Montesquieu, le *Contrat social* de Rousseau, mais nous ne comprenons plus rien à ces genres de controverses philosophiques. Il est possible qu'elles aient répondu à une réalité, au commencement d'un XIXe siècle où l'individu, le citoyen avait encore quelque raison de mettre à son programme *La Déclaration des droits de l'Homme*.

Mais les temps sont changés et nous assistons bien, plutôt, à une résurrection du saint-simonisme qu'à l'installation dans nos mœurs d'une idéologie individualiste qui maintenant nous paraît surannée. « Cent ans après sa mort, Saint-Simon n'est pas derrière nous, dans l'Histoire; il est devant », écrivait tout récemment M. Henri de Jouvenel (²).

C'est l'évolution sociale qui a voulu cela; c'est la réalité des faits, la pression du mouvement associatif moderne, qui nous pousse dans cette voie où nous sommes entraînés par les événements bien mieux que nous nous y dirigeons par l'effet d'une volonté raisonnée. Et il est piquant de constater que ces choses avaient été déjà devinées par un Saint-Simon ou par un Royer-Collard, dans un temps où la recherche reste presque vaine des symptômes précurseurs qui pouvaient les révéler.

Lors de la discussion des projets de loi de 1815 sur les élections, Royer-Collard s'écriait du haut de la tribune :

> « Au fond, Messieurs, l'opinion d'une nation ne doit être cherchée, et elle ne se rencontre avec certitude que dans ses véritables intérêts, tels qu'une raison exercée les découvre et que la morale les avoue. C'est là qu'elle est étudiée par les gouvernements sages qui s'occupent sérieusement du bien public. Les intérêts sont un gage bien plus sûr de l'opinion que l'opinion ne peut l'être des intérêts. » (³)

Saint-Simon est un de ceux qui, dans le passé, ont le mieux fait apparaître les trois sortes d'intérêts composants qui, de nos jours plus que jamais, « clament vers l'État » : l'intérêt purement individuel, l'intérêt des groupes intermédiaires, l'intérêt général.

L'intérêt individuel, celui du citoyen, celui de l'électeur du suffrage universel, celui de chacun de nous, contrarié par celui du voisin, celui de la foule et du nombre.

En second lieu, les intérêts des groupes intermédiaires, sociaux, professionnels, ceux des syndicats, des trusts et cartels.

Puis enfin l'intérêt général. But suprême. Somme et combinaison de tous ceux qui précèdent. Équilibre à établir entre

---

² Jouvenel, Préface de *De la Réorganisation*, XIX.
³ Barante, *Vie politique*, 229.

les forces contraires. État harmonique où devraient se fondre toutes les discordances.

Il n'y a aucune raison de penser qu'une représentation exclusivement issue du suffrage universel, qu'une Chambre de représentants réunissant simplement la majorité des bulletins de vote individuels soit capable de dégager l'intérêt général; la raison en est simple : il vient en effet d'être montré que l'intérêt général était fonction des intérêts professionnels collectifs, or ces derniers ne sont en aucune façon représentés par le mécanisme actuel du suffrage universel.

D'où il résulte que notre Parlement est un pouvoir, non une représentation nationale dont on puisse dire qu'elle incarne toutes les catégories d'intérêts.

Ainsi paraît se légitimer en théorie l'idée de représentation des groupes sociaux qui, en fait, se traduit déjà en Europe par des réalisations de plus en plus généralisées. Ainsi se justifie, par exemple, la pensée de M. Bernard Lavergne d'organiser un triple suffrage :

— Suffrage universel actuel;
— Suffrage corporatif;
— Suffrage social.

Sans pour cela qu'il soit nécessaire d'aller à l'encontre des libertés individuelles d'association, sans pour cela qu'il soit utile de donner au syndicat un caractère obligatoire.

Il n'est pas moins vrai que tout projet, quel qu'il soit, de représentation des intérêts allant jusqu'au partage du pouvoir législatif avec les élus du suffrage actuel, est d'une flagrante anticonstitutionnalité.

Mais la Constitution, ne doit-elle pas s'adapter aux besoins nouveaux de l'État social ?

Il n'y a pas de constitution immuable.

« Sur ces conclusions il ne convient pas présentement d'appuyer davantage. L'épreuve continue. Les événements déroulent leur cours. On ne peut les anticiper, mais seulement les suivre. Aujourd'hui, en dégageant quelques aspects d'un problème confus peut-être, aura-t-on tout à la fois frayé les voies à d'autres chercheurs et offert quelques sujets de méditation à ceux qui de plus en plus nombreux tentent d'accorder nos institutions représentatives aux requêtes équilibrées de l'idéal et du réel, aux exigences d'un monde renouvelé.

« Puissent ces réflexions conduire à l'action. » (4)

*

*   *

---

4 Prélot, *Représentation professionnelle*, 137.

REPÈRES BIOGRAPHIQUES

se terminant en 1929

Ancey, César : conseiller du Commerce extérieur, représentant de la Presse technique à la S.D.N.; auteur d'ouvrages sur les assurances, l'organisation économique, le Maroc.

Arago, François (1786-1853, Ac. sc. 1809, L.H. 1818, franc-maçon) : polytechnicien (1803), astronome, physicien (optique), géographe (Espagne 1806-1808-1809), professeur (Polytechnique 1809-1830), conseiller général (Seine 1830), colonel (juillet 1830), député (Pyrénées orientales 1831), président du Conseil des ministres (1848, antiesclavagiste), ministre (Guerre 1848), démissionne du Second Empire (1852), auteur.

Aristote (384-322) : ancien élève de l'Académie de Platon, professeur, fondateur d'une école athénienne (le Lycée); artisan du premier système de philosophie, universel et cohérent (logique, métaphysique, éthique, politique, etc.); spécialiste des constitutions grecques, reconnaît l'esclavage; auteur : *La Politique*, études empiriques en sciences physiques et naturelles, etc. (Infl. par Socrate; infl. sur Montesquieu, Smith, etc.)

Audiffred, Jean (1840-1917) : avocat, conseiller municipal (Roanne), conseiller général, député gambettiste (Loire 1879-1904), cofondateur du Musée social (1894), sénateur (Loire 1894-1895, 1904-1917). (Infl. par Gambetta.)

Auriol, Vincent : avocat, cofondateur et rédacteur en chef du *Midi socialiste* (1908), député socialiste (Hᵗᵉ-Garonne 1914...), maire (Muret 1925...), négociateur du recouvrement d'arriérés d'indemnités allemands (Londres 1924), conseiller général (initiateur de coopératives, 1928...). (Élève de Hauriou, Jaurès.)

Bardoux, Jacques (petit-neveu de Louis Blanc, L.H., C.G., A.S.M.P. 1925) : professeur d'économie politique libérale (École libre des sciences politiques); auteur : *Hors du marais [:] La Route de France* (1925), etc.

Barthélemy, Joseph (A.S.M.P. 1927) : juriste (1899), conférencier (Paris 1899), professeur (droit administratif, Lille 1900; droit constitutionnel, Aix-en-Provence 1901, Paris 1903, et histoire parlementaire, Sciences Po; droit public, Montpellier 1906-1913), député républicain partiellement réformiste (suffrage féminin, présidence, libéralisme économique, Gers 1919-1928), délégué à la S.D.N. (1922... [?]), auteur. (Infl. par Hauriou.)

Benoist, Charles (L.H., A.S.M.P. 1908) : journaliste, professeur d'histoire constitutionnelle, coauteur d'un projet de code du travail, député (Seine 1902-1919), ambassadeur (Pays-Bas 1919-1924), républicain rallié aux monarchistes; auteur : *La Réforme parlementaire* (1902), etc.

Berth, Édouard : théoricien anti-étatiste du syndicalisme révolutionnaire, auteur et traducteur de l'allemand (Marx, etc.). (Infl. par Proudhon, Sorel; infl. sur Valois.)

Bismarck, Otto von (1815-1898) : aristocrate terrien, juriste, fonctionnaire, député conservateur (1847-1851), ambassadeur (Francfort 1851-1859, Saint-Pétersbourg 1859-1862, Paris 1862), ministre-président de Prusse (1862-1890), hostile à la presse et à la démocratie, antisocialiste mais initiateur de l'État-providence, artisan de conquêtes territoriales au détriment du Danemark (1864) et de l'Autriche (1866), chancelier de l'Allemagne du Nord (1867-1871), unificateur de l'Allemagne au détriment de la France (1870), chancelier de l'Empire allemand (1871-1890).

Blanc, Louis (1811-1882, franc-maçon [1853 ?]) : journaliste, historien, théoricien de l'organisation du travail, exilé (Angleterre 1850-1870), connaissance de John Stuart Mill, député (Seine 1871, 1876-1882); auteur : *Organisation du travail* (1839), etc. (Infl. par Saint-Simon; infl. sur Proudhon, etc.)

Bossuet, Jacques Bénigne, dit L'Aigle de Meaux (1627-1704, académicien 1671) : religieux catholique, prédicateur et polémiste, antiprotestant, antisémite, défenseur de l'esclavage, partisan de la monarchie absolue, évêque (Condom 1669-1671, Meaux 1681-1704), précepteur du Dauphin (1670-1681), auteur.

Caillaux, Joseph : avocat, professeur (Sciences Po), fonctionnaire (Finances 1888), dreyfusard, député républicain pacifiste et réformateur (Sarthe 1898-1919), ministre (Finances 1899-1902, 1906-1909, 1911, 1913-1914, 1925, 1926), président du Conseil des ministres et ministre (Intérieur 1911-1912), emprisonné pour correspondance avec l'ennemi (1918-1921 [?]), amnistié (1924), négociateur du remboursement d'emprunt de guerre (Washington 1924), sénateur radical (Sarthe 1925...), auteur.

Clémenceau, Georges, dit Le Tigre, Père La Victoire (1841-1929, L.H., académicien 1918) : emprisonné (1863, 1872), médecin (1865-1885), duelliste (1892, 1894, 1898), journaliste (1897-1899), dreyfusard, maire (Paris XVIIIe), député (Seine 1871, 1876-1885, Var 1885-1893), sénateur (Var 1902-1920), ministre (Intérieur 1906, Guerre 1917-1920 [dictateur virtuel]), président du Conseil des ministres (1906-1909 [instauration du Ministère du Travail et du congé hebdomadaire, 1906], 1917-1920 [loi des huit heures de travail, 1919]), auteur, traducteur de l'anglais (John Stuart Mill).

Comte, Auguste (1798-1857) : polytechnicien (1814, exclu 1816), répétiteur de mécanique (1832-1851), secrétaire de Saint-Simon (1817-1824), philosophe, fondateur du positivisme (1848) et de la sociologie, connaissance de John Stuart Mill; auteur : *Système de politique positive* (1851), etc. (Infl. par Saint-Simon; infl. sur Le Play, Proudhon, Durkheim, etc.)

Doumergue, Gaston (franc-maçon 1901, L.H. 1924) : avocat, juge, ministre, président du Conseil des ministres (1913-1914), président du Sénat (1923-1924), président de la République (1924...).

Duguit, Léon (1859-1928) : activiste social, juriste, sociologue, professeur de droit public (Bordeaux 1886-1928, représentant de l'école du « service public »), partisan du rôle économique de l'État, conseiller municipal (Bordeaux 1908-1914), doyen de la faculté de droit (Bordeaux 1919-1928), conseiller universitaire (Le Caire 1925-1926), cofondateur de la *Revue internationale de théorie du droit* (1926); auteur : *Traité de droit constitutionnel* (1921), etc.

Durkheim, Émile (1858-1917) : dreyfusard, fondateur d'une sociologie dissociant l'individu du collectif et primant la société sur l'individu; professeur (Bordeaux 1887-1902, Paris 1902-1917); auteur : *De la Division du travail social* (1893), etc. (Infl. par Rousseau, Comte, Proudhon.)

Duthoit, Eugène (C.G., L.H.) : activiste catholique, inspiré du pape Léon XIII, professeur (droit criminel 1898-1906, économie politique 1906...), porte-parole de la France en guerre (Canada et États-Unis 1917), président des Semaines sociales (1919...), doyen de la faculté de droit de l'Université catholique de Lille (1925...); préfacier de Prélot; auteur : *Pourquoi souhaiter un sénat professionnel* (1900), *Le Suffrage de demain* (1901), etc. (Infl. par Le Play, La Tour du Pin.)

Fehrenbach, Konstantin (1852-1926) : avocat, député (Landtag de Bade 1885-1887, Reichstag 1903), chancelier d'Allemagne (1920-1921).

Fels, Edmond de (L.H.) : juriste, diplomate (Rome, Madrid), propriétaire de la *Revue de Paris*, cofondateur d'une société de promotion du paysagisme; auteur : *La Révolution en marche* (1925), etc.

Fourier, Charles (1772-1837) : philosophe dénonçant les vices de la civilisation, du travail et de la morale, théoricien d'un système socio-politique fondé sur les attractions naturelles (le fouriérisme), précurseur du socialisme et du féminisme. (Infl. par Saint-Simon; infl. sur Marx.)

Fournière, Eugène (1857-1914) : professeur d'économie sociale (Polytechnique 1906-1914, Arts et Métiers), cofondateur de la *Revue socialiste* (1885), conseiller municipal (Paris 1892), théoricien du socialisme, pacifiste, député (Aisne 1898-1902), coauteur (avec Jean Jaurès, 1901), auteur.

Gambetta, Léon (1838-1882, franc-maçon 1869, inhumé au Panthéon) : avocat, député (Seine 1876-1882), artisan de la IIIᵉ République, ministre (Guerre, etc.), président du Conseil des ministres (1881-1882). (Infl. sur Audiffred.)

Godart, Justin : avocat, professeur d'économie politique (1901), militant socialiste et féministe, conseiller municipal (Lyon 1904, connaissance de Herriot), député puis sénateur (1906-1926, 1926...), président-fondateur de la Ligue contre le cancer (1918), représentant de la France au Bureau international du Travail (1919...), ministre (Travail 1924-1925), artisan du Conseil national économique (1925), auteur.

Guy-Grand, Georges : essayiste, archiviste proudhonien; auteur : *Le Procès de la démocratie* (1911), etc.

Hauriou, Maurice (1856-1929) : juriste, sociologue, professeur de droit administratif (représentant de l'école de la « puissance publique »), partisan du rôle économique de l'État, doyen de la faculté de droit de Toulouse (1906-1926); auteur : *Précis de droit administratif* (1892), *Précis de droit constitutionnel* (1923), etc. (Infl. sur Barthélemy, Auriol.)

Herriot, Édouard (L.H. 1907) : professeur de rhétorique, opposé au suffrage féminin, maire (Lyon 1905), sénateur (Rhône 1912-1919), ministre (Travaux publics 1916-1917, Instruction publique 1926-1928, Affaires étrangères 1924, 1926), député (Rhône 1919...), président du Conseil des ministres (1924-1925), président de la Chambre (1925-1926), auteur.

Jaurès, Jean (1859-1914, inhumé au Panthéon) : professeur de philosophie, député (Tarn 1885-1889, 1893-1898, 1902-1914), dreyfusard, pacifiste, anti-étatiste, journaliste, directeur de *L'Humanité* (1904-1914), auteur, assassiné. (Infl. par Marx; infl. sur Auriol.)

Jouhaux, Léon : secrétaire général de la C.G.T. (1909...), délégué à la S.D.N. (1924-1928); vice-président du Conseil national économique (1925...); auteur : *L'Organisation internationale du travail* (1921), *Le Désarmement* (1927), etc. (Infl. par Proudhon.)

Jouvenel, Henri de (L.H. 1913) : secrétaire ministériel, dreyfusard, journaliste, rédacteur en chef, promoteur d'une réforme électorale, ancien combattant, sénateur (Corrèze 1921...), ministre (Instruction publique 1924-1925), haut-commissaire au Levant (1925-1926, organisateur du régime républicain du Liban), délégué à la S.D.N. parrainé par Paul-Boncour (1922-1925, 1928...); préfacier de Saint-Simon, auteur.

Jouvenel, Robert de (1882-1924) : journaliste satirique, auteur.

La Tour du Pin, René de (1834-1924) : saint-cyrien, militaire (Crimée, Italie, Algérie, France), attaché militaire (Autriche-Hongrie), maire (Arrancy), initiateur du catholicisme social, auteur. (Infl. par Le Play; infl. sur Duthoit, Mathon, etc.)

Lagardelle, Hubert : juriste, journaliste, chef d'un mouvement socialiste, théoricien du syndicalisme révolutionnaire, rejoint le Faisceau français (1926), auteur. (Infl. par Sorel; infl. sur Mussolini.)

Lamartine, Alphonse de (1790-1869, L.H. 1825, académicien 1829) : maire (Milly 1812), garde du corps de Louis XVIII (1814), exilé (Suisse 1814), diplomate (Naples, Florence 1820-1830), touriste (Proche-Orient 1832), député (Bergues 1833-1837, Mâcon 1837-1849, Loiret 1849-1851), proclame la II^de République (1848, signe l'abolition de l'esclavage [250 000 esclaves]), ministre et chef de gouvernement (Aff. étr. 1848, pacifiste), poète romantique (127 vol.).

Lavergne, Bernard : juriste issu de l'école de Nîmes (1908), professeur de droit (Nancy 1922-1925), d'économie politique (Lille 1925…), cofondateur de la *Revue des études coopératives* (1921), auteur.

Le Chapelier, Isaac (1754-1794, franc-maçon) : avocat, député réformiste (Rennes 1789-1791), favorable à l'égalité des Juifs et à l'esclavage des Africains, initiateur de la nouvelle Assemblée nationale, de la codification de la Constitution et de la loi Le Chapelier (1791-1884 : proscription des corps intermédiaires [rassemblements, associations de travailleurs, Université], coopératives et mutualités, interdiction des grèves, tolérance des clubs patronaux); guillotiné. (Infl. par Rousseau.)

Le Play, Frédéric (1806-1882, L.H. 1867) : polytechnicien (1825), ingénieur des mines, théoricien du corporatisme et précurseur de la sociologie moderne, conseiller d'État, sénateur 1867, auteur. (Infl. par Comte; infl. sur La Tour du Pin, Mathon, Duthoit, etc.)

Lemire, Jules (1858-1928) : religieux catholique, député (Nord 1893-1928), fondateur du congrès des jardins ouvriers, auteur.

Lénine, Vladimir Ilitch Oulianov, dit (1870-1924) : avocat, défenseur de grévistes, déporté (Sibérie 1897-1900), sympathisant du parti marxiste révolutionnaire, exilé (Europe occidentale), chef de la faction bolchevique (1903) et de la Révolution de 1917; fondateur du Parti communiste de Russie et artisan de la scission entre le socialisme et le communisme (1919); adepte de la terreur de masse, façonne un caractère autoritaire et policier au marxisme, le léninisme; président des conseils des commissaires de Russie et d'U.R.S.S. (1917-1924), auteur. (Infl. par Robespierre.)

Leroy, Maxime : juriste (1898), historien, sociologue et sympathisant nuancé du syndicalisme révolutionnaire; auteur : *Le Code civil et le droit nouveau* (1904), *Les Transformations de la puissance publique* (1907), *La Loi : essai sur la théorie de l'autorité dans la démocratie* (1908), *Les Techniques nouvelles du syndicalisme* (1921), etc.

Loucheur, Louis : polytechnicien (1890), ingénieur, député (Nord 1919…), ministre (Reconstruction industrielle 1918-1920, Régions libérées 1921-1922, Finances 1925-1926, Commerce 1926, Travail 1928…).

Martin Saint-Léon, Étienne : historien, bibliothécaire du Musée social; auteur : *L'Organisation professionnelle de l'avenir* (1905), etc.

Marx, Karl (1818-1883) : économiste, journaliste et révolutionnaire (fondateur du marxisme), exilé (Paris 1843-1845, Bruxelles 1845-1847, Londres 1849-1883); auteur : *Manifest der kommunistischen Partei* (1848 : *Manifeste du Parti communiste* [1893]); *Das Kapital. Kritik der politischen Ökonomie* (1867, 1885, 1894 : *Le Capital [:] Critique de l'économie politique* [1872, en français et en russe]); etc. (Infl. par Rousseau, Smith, Saint-Simon, Fourier, Proudhon; infl. sur Jaurès, Lénine, etc.)

Mathon, Eugène : magnat paternaliste du textile, corporatiste (inspiré de Le Play), conseiller du Commerce extérieur, propriétaire du *Télégramme du Nord*, président du tribunal de commerce (Roubaix 1908-1911), fondateur d'un consortium (1919), partisan de Valois (1922-1925, et bailleur de fonds du Faisceau français), militant à l'Action française, antisyndicaliste adepte du catholicisme social (inspiré de La Tour du Pin), mais désavoué par le Vatican (1929).

Mestre, Achille : juriste (1899), professeur de droit (Lille 1900, Toulouse 1900-1922, Paris 1922… : droit constitutionnel, droit public et législation industrielle); partisan du rôle économique de l'État, auteur.

Millerand, Alexandre (A.S.M.P. 1918, L.H. 1920) : avocat, journaliste, député (Seine 1885-1920), ministre (1899-1902, etc.), président du Conseil des ministres (1920), président de la République (1920-1924, partisan d'une réforme constitutionnelle, en conflit avec ses présidents du Conseil, refuse de faire un coup d'État, démissionne), sénateur (Seine 1925-1927, Orne 1927…).

Montesquieu, Charles Louis de Secondat, dit de (1689-1755, académicien 1728) : magistrat (Bordeaux), écrivain, philosophe, dénonciateur de l'esclavage, défenseur des corps intermédiaires; auteur : *Considérations sur les causes de la grandeur des Romains et de leur décadence* (1734), *De l'esprit des lois* (1748 : séparation des pouvoirs [exécutif, législatif, judiciaire], indexé 1751), etc. (Infl. par Aristote; infl. sur Rousseau.)

Mussolini, Benito : professeur de français, journaliste, ancien combattant, agent provocateur anglais (1917-1918), fondateur du fascisme (1921) et chef d'un parti dictatorial, député (1921), président du Conseil du Royaume d'Italie (1922…), ministre (Aff. étr. 1922-1929, Intérieur 1922-1924, 1926…), auteur. (Infl. par Sorel, Lagardelle; infl. sur Staline.)

Oualid, William (C.G.) : économiste (1906), juriste (1907), enseignant (Musée social 1907), fonctionnaire (Travail [Armement] 1911-1920), professeur de droit (Dijon 1919), d'économie politique (Strasbourg 1921, Paris 1926…), de droit municipal (Paris 1919-1924), d'économie sociale (Paris 1923), de législation industrielle (Paris 1923, 1926-1929), directeur adjoint de l'Institut d'urbanisme (1929…); partisan du rôle économique de l'État et spécialiste du droit des peuples colonisés, de l'immigration ouvrière, des politiques salariales; auteur.

Painlevé, Paul (L.H. 1902) : mathématicien, député (Paris Vᵉ 1906, Seine 1910-1928, Ain 1928…), ministre (Guerre 1917, 1925-1929), président du Conseil des ministres (1917, 1925).

Paul-Boncour, Joseph (L.H. 1907, C.G.) : secrétaire de la Conférence des avocats, avocat (notamment de la C.G.T. [1920-1922]), secrétaire ministériel (1899-1902), conseiller municipal (1904-1906 [?]), député socio-patriotique (Loir-et-Cher 1909-1914, Seine 1919-1924, Tarn 1924…), ministre (Travail 1911), militaire (1914-1918); coauteur : *Un Débat nouveau sur la République et la décentralisation* (1904); préfacier de Léon Jouhaux; auteur : *Le Fédéralisme économique* (1907), etc.

Piłsudski, Jósef (maréchal de Pologne 1920) : activiste socio-patriotique, déporté (Sibérie 1887-1892), militaire austro-hongrois, chef d'État de la Pologne (1918-1922), artisan de la défense antirusse (1919-1920), chef de coup d'État (1926), Premier ministre et président du Conseil des ministres (1926-1928), président de la République (1926…).

Pirou, Gaëtan (L.H.) : professeur d'économie politique (Bordeaux 1920-1926), de science économique et de droit (Paris 1926…), spécialiste de Proudhon et des doctrines économiques, corédacteur en chef de la *Revue d'économie politique*, directeur du cabinet du président du Sénat (1927…), auteur.

Poincaré, Raymond (académicien 1909, L.H. 1913) : avocat, journaliste, député (Meuse 1887-1903), sénateur (Meuse, 1903-1913, 1920…), dreyfusard, ministre (Finances 1894-1895, 1906, 1926-1928 [abandon du franc-or et dévaluation], Instruction publique 1895, Aff. étr. 1922-1924), président du Conseil des ministres (1912-1913, 1922-1924, 1926-1929), président de la République (1913-1920), auteur.

Prélot, Marcel (C.G.) : cofondateur du Parti démocrate populaire (1924), partisan du révisionnisme constitutionnel, cofondateur de revue démocrate chrétienne (1927), professeur de droit (Strasbourg 1929…), auteur (une préface de Duthoit).

Primo de Rivera, Miguel : militaire espagnol 1888-1923, sert dans les conflits coloniaux (Cuba 1895-1897, Philippines 1897-1898, Maroc 1920-1926), gouverneur (Cadiz 1915-1919, Valence 1919-1922, Barcelone 1922-1923), chef de coup d'État (1923), président d'un gouvernement dictatorial et ministre unique, président du Conseil des ministres (1923…).

Proudhon, Pierre-Joseph (1809-1865, franc-maçon 1847) : typographe, imprimeur, cadre, journaliste, philosophe, anticapitaliste et anticommuniste, pacifiste et antisémite, sexiste et anti-étatiste, député (Seine 1848-1849), fondateur du mutualisme ou socialisme scientifique, théoricien du fédéralisme autogestionnaire, emprisonné (1849-1852), exilé (Belgique 1858-1860); auteur : *Philosophie de la Misère* (1846), *Théorie de la propriété* (1865), *De la Capacité politique des classes ouvrières* (1865), etc.; source du proudhonisme. (Infl. par Saint-Simon; infl. sur Marx, Sorel, Durkheim, Berth, Jouhaux, etc.)

Raynaldy, Eugène : député (Aveyron 1919-1928), ministre (Commerce et Industrie 1924-1925), maire (Rodez 1925).

Robespierre, Maximilien de, dit L'Incorruptible (1758-1794, franc-maçon) : avocat, juge, député (Arras 1789), favorable à l'égalité des Juifs et antiesclavagiste, membre de la Commune (1790-1794, élu du parti de la Montagne à la Convention nationale [1792, Ire République 1792-1804]), celle-ci proscrivant (1793) le parti de la Gironde (bourgeois aisés et modérés en faveur de la décentralisation et du libéralisme économique) et instituant la Terreur (guillotinades de masse, 1793-1794), auteur, guillotiné. (Infl. par Rousseau; infl. sur Lénine, etc.)

Rolland, Louis : juriste (1901), conférencier en droit administratif (Paris), en droit public (Alger 1904-1906), en droit (Nancy 1906), professeur de droit administratif (Nancy 1911), de législation coloniale (Nancy 1912-1916, Paris 1918), de droit public (Paris 1923-1928, représentant de l'école du « service public » [continuité, mutabilité, égalité]), député (protecteur du petit commerce et de l'agriculture, Maine-et-Loire 1928...).

Romier, Lucien (L.H. 1923) : archiviste, historien (XVIᵉ siècle), fonctionnaire (Guerre 1917), conférencier (Saint-Cyr 1920-1922), conseiller du Commerce extérieur, éditorialiste politique libéral (*Le Figaro* : rédacteur en chef 1925-1927; *L'Opinion*); auteur : *Explication de notre temps* (1925), *L'Homme nouveau : esquisse des conséquences du progrès* (1929), etc.

Rousseau, Jean-Jacques (1712-1778, inhumé au Panthéon) : musicien, écrivain romantique et philosophe politique, dénonciateur de l'esclavage et critique des corps intermédiaires; auteur : *Discours sur l'origine et les fondements de l'inégalité parmi les hommes* (1755), *Du contrat social* (1762 : principes de la souveraineté du peuple et des intérêts généraux [sur un micro-territoire]), *De l'éducation* (1762). (Infl. par Montesquieu; infl. sur Smith, Le Chapelier [interdiction des corps intermédiaires], Robespierre [la vertu], Saint-Simon, Durkheim, etc.)

Royer-Collard, Pierre Paul (1763-1845, académicien 1827) : professeur de mathématiques (Saint-Omer, Moulins), avocat (Paris 1787), conseiller-secrétaire de la Commune (1790-1792), partisan de la Gironde, député royaliste libéral (Marne 1797, 1815 [école communale gratuite]-1839), professeur de philosophie (Sorbonne 1810-1814), bibliothécaire (1814), doyen de la faculté des Lettres (1815), président de la Chambre (1828-1830).

Saint-Simon, Henri de (1760-1825) : ancien combattant pour l'indépendance des colonies anglaises d'Amérique, spéculateur foncier, emprisonné sous la Terreur, philosophe, théoricien du socialisme et du corporatisme (fondateur du saint-simonisme, doctrine socio-économique de libéralisme politique), éditeur de revues, auteur (une préface de Henri de Jouvenel). (Infl. par Rousseau; infl. sur Fourier, Comte, Proudhon, Blanc, Marx, etc.)

Sangnier, Marc (C.G., L.H.) : journaliste, soldat (1914-1915), député (Seine 1919-1924), pionnier des auberges de jeunesse (1929), auteur.

Servius Tullius (r. 575-535) : roi de Rome, réformateur populiste (armée, impôts, élections); assassiné.

Sieyès, Emmanuel (1748-1836, franc-maçon, académicien 1803-1816, A.S.M.P. [1795] 1832) : religieux catholique (1770-1793), aumônier de la tante de Louis XVI, député (Paris 1789, Sarthe 1792), favorable à l'institution de l'Assemblée nationale et à l'égalité des Juifs, opposé aux corps intermédiaires tout en soutenant un État représentatif (par opposition à un État démocratique), président de l'Assemblée nationale

(1790), codirecteur de la République (1795, 1799), écarté de Paris comme ambassadeur (Berlin 1798), instigateur du second coup d'État de 1799 (dépassé par Bonaparte), consul-triumvir de la République (1799), président du Sénat et sénateur (1799-1814), exilé (Belgique 1815-1830); créateur du mot « sociologie »; auteur : *Essai sur les privilèges* (1788), *Qu'est-ce que le tiers état ?* (1789); vota l'exécution de Louis XVI.

Smith, Adam (1723-1790) : professeur de philosophie (Glasgow), théoricien du libéralisme économique; auteur : *An Inquiry into the Nature and Causes of the Wealth of Nations* (1776 : *Recherches sur la nature et les causes de la richesse des nations* [1778]), etc. (Infl. par Aristote, Rousseau; infl. sur Marx.)

Socrate (470-399) : ancien combattant, maçon, premier philosophe politique, maître de Platon; opposé aux sophistes et à la démocratie; condamné à mort. (Infl. sur Aristote.)

Sorel, Georges (1847-1922, L.H. 1891) : polytechnicien (1865), ingénieur, philosophe, sociologue, dreyfusard, antiélitiste, collaborateur à des revues anarchistes et marxistes, théoricien du syndicalisme révolutionnaire; préfacier de Berth; auteur : *Réflexion sur la violence* (1906), *Illusions du progrès* (1906), *La Décomposition du marxisme* (1908), *Matériaux d'une théorie du prolétariat* ([L'Organisation de la démocratie*, 1906] 1918), etc. (Infl. par Proudhon, Marx; infl. sur Lagardelle, Berth, Valois, Mussolini, etc.)

Staline, Joseph Vissarionovitch Djougachvili, dit : séminariste (1894-1898), membre et homme de main du parti marxiste révolutionnaire (1898), déporté et évadé (Sibérie, huit fois), adhérant de la faction bolchevique, fondateur du Politburo (1919), commissaire aux nationalités, secrétaire général des partis communistes de Russie (1922-1925) et de l'Union soviétique (1925…); artisan du léninisme totalitaire et dictatorial (le stalinisme), auteur. (Infl. par Mussolini.)

Valois, Georges (A.-G. Gressent) : anarchiste, directeur des *Cahiers des États généraux* (1923-1925), étoile montante du fascisme français et fondateur du Faisceau français (1925-1928), puis d'un parti républicain (1928…); auteur : *L'Homme qui vient : philosophie de l'autorité* (1906), *La Révolution nationale : philosophie de la victoire* (1924), *Un Nouvel Âge de l'homme* (1929), etc. (Infl. par Sorel, Berth.)

Webb, Sidney : fonctionnaire (1878-1891), avocat (1885), conseiller municipal (Londres 1892-1907), cofondateur de la London School of Economics (1895) et de la revue *New Statesman* (1913), membre du parti Travailliste (1910 [?]), professeur d'administration publique (1912-1927), député (Seaham 1922-1929), directeur du Board of Trade (1924); coauteur : *History of Trade Unionism* (1894 : *Histoire du trade unionisme* [1897]), etc.; auteur.

*

INDEX des PAYS

INDEX des PERSONNES

INDEX des SUJETS

Les vedettes en italiques sont des traductions; les numéros de pages en caractères gras renvoient à des développements sémantiques.

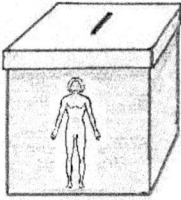

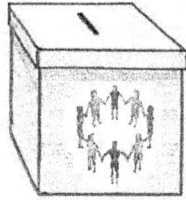